Dietmar Bunse

Faszination Portugiesischer Jakobsweg

Der Autor

Dietmar Bunse, Jahrgang 1953, ist gelernter Bankkaufmann und war mehrere Jahrzehnte als Führungskraft in einer Großbank tätig. Er lebt mit seiner Familie in Wesel am Niederrhein.

Nachdem seine beiden Bücher »Hochzeit auf dem Jakobsweg« und »Die Lust Weg-zu-laufen« beachtliche Markterfolge erzielten, erscheinen nun weitere Episoden von seiner großen Leidenschaft, den Jakobswegen.

Zum Buch

Der Caminho Português gilt noch vor dem Camino del Norte und der Via de la Plata als die beliebteste aller Nebenstrecken unter den Jakobswegen. Nicht nur die kurze Distanz von 245 Kilometern, sondern die überspannende Klammer von kulturellen Schätzen und erlesenen Naturschönheiten multipliziert ihn zu einer begehrenswerten Pilgerroute.

Doch was verleiht ihm seine bezaubernde Aura und welche Geheimnisse hütet er? Welche Glanzlichter offenbart er dem Pilger? Wie lang sind 30 Wanderkilometer mit schmerzenden Füßen und lastendem Rucksack? Wie fühlt es sich an mit 20 fremden Menschen in einem Raum zu schlafen? Wie funktioniert die Wandergemeinschaft als Ehepaar? Dieses Buch findet die richtigen Antworten. Unterhaltsam, kurzweilig und humorvoll geschrieben, versetzt es den Leser in die Lage, in Gedanken mitzupilgern. Dabei versteht es der Autor auf fesselnde Art Landschaftsbilder in Worten zu malen und auf den Punkt zu bringen. Ob die Musik-Laternen in Ponte de Lima oder »Jaköbchen vom Berge« in Padrón, dieses Buch lässt keine Einzelheiten aus. Ausgesuchte, wunderschöne Fotos, teilweise in Farbe, zieren den Reisebericht. Wertvolle informative Tipps zu den Themen Ausrüstung, körperliche Verfassung, richtiger Zeitpunkt der Wanderung, Kosten und Länge der Tagesetappen runden das Werk ab.

Ein Buch, das ansteckt und Sie wunderbar auf Ihre Reise einstimmt.

DIETMAR BUNSE

FASZINATION PORTUGIESISCHER JAKOBSWEG

ERLEBNISSE EINER PILGERREISE AUF DEM CAMINHO PORTUGUÊS

Bibliografische Information der Deutschen Nationalbibliothek:
Die Deutsche Nationalbibliothek verzeichnet diese Publikation in der Deutschen Nationalbibliografie; detaillierte bibliografische Daten sind im Internet über http://dnb.ddb.de abrufbar.

ISBN 978-3-86870-682-6

www.rediroma-verlag.de
8,95 Euro (D)

Guten Weg
Buon Cammino
Casa da Fernanda,
Jacinto e Mariana
CAMINO DE SANTIAGO
CAMINO PORTUGUES
P.K.11.852

Inhalt

Vorwort

Womöglich, nein, mit Sicherheit, ist es meine »Erkrankung«, die mich als unheilbar Infizierten kennzeichnet und ständig weiter treibt. Ich bin wohl ein waschechter Homo jacobicus. Einmal Jakobsweg, immer Jakobsweg! So ist es und so wird es bleiben! Das Basta erspare ich mir an dieser Stelle. Schließlich zähle ich nicht zu den Basta-Trommlern.

Die Frage sei erlaubt: Muss man Krankheiten denn immer gleich bekämpfen? Kann man taktisch nicht rücksichtsvoller mit ihnen umgehen und sie pflegen? Meine unabänderliche Entscheidung ist längst gefallen: Seit über 3 Jahren gelte ich als liebevoller Pfleger meiner eigenen, virulenten »Jakobus-Infektion«.

Nach meiner Wallfahrt auf dem Spanischen Jakobsweg im Jahr 2011 erfasste mich ein Ur-Hunger nach weiteren Pilgerwanderungen. Einige Wanderungen auf verschiedenen Jakobswegen folgten. Der Portugiesische Jakobsweg stand schon seit längerer Zeit auf meiner Wunschliste. Er kletterte wie eine stark rankende Efeu-Pflanze Sprosse für Sprosse ganz weit nach oben. Es fehlte nur noch ein kleiner zündender Funke. Ein Pilgertreffen des Jakobusvereins Paderborn, in dem ich Mitglied bin, gab mir die letzten entscheidenden Impulse.

Beseelt von den Gedanken an die Reise, erzählte ich meiner Frau von meiner neuen Inspiration. »Ich würde gerne mit Dir laufen«, reflektierte sie spontan. Im ersten Augenblick reagierte ich zurückhaltend. Zu unterschiedlich waren nach meiner Einschätzung unsere Kondition und unser Laufschema.

Andrea ist durch unsere Gespräche, meine Bücher und Vorträge auf den Geschmack gekommen. Man könnte auch sagen: Mir ist es gelungen sie anzustecken, sie für den Jakobskult und dessen kryptische Magie zu begeistern. »Wir werden eine gute Lösung finden«, signalisierte ich ihr. Um uns geistig einzuschwingen, studierten wir zunächst den Wanderführer von *Raimund Joos*. Zur weiteren Vorbereitung unternahmen wir unter erschwerten Bedingungen gemeinsame Wanderungen. Das klappte gut. Unsere

Laufgeschwindigkeit war in etwa gleich, unsere konditionelle Verfassung nicht auseinanderklaffend. Dann sprachen wir über die Länge der Etappen, Form der Unterkünfte, Wetter-Eventualitäten und über die verschiedenen Möglichkeiten, etappenweise alleine oder zusammen zu laufen. Nachdem wir alle vermeintlichen Unwägbarkeiten angesprochen hatten, kamen wir zu dem Schluss, es zu probieren.

Um es vorwegzunehmen: Der Weg hat unsere Beziehung genährt, er hat unserer Ehe gut getan.

Einfach mal den Standort verlassen und sich dem Weg anvertrauen. In dieser Stimmung flogen wir voller Erwartungen von Weeze nach Porto. Nach einem knapp zweitägigen touristischen Aufenthalt in der attraktiven Metropole am Mündungsufer des Río Douro, wanderten wir am 24. April 2014 los. Energiegeladen, voller Sehnsucht nach Freiheit, frischer Luft, Meer und spannenden Erlebnissen. Unbeschwert wollten wir sein, losgelöst von der Komplexität des Alltags und uns auf dem Weg mit neuen Inhalten füllen. Und, wo immer möglich, Jakobus spüren.

Freuen würde ich mich, wenn ich Sie zu einer wunderbaren Art der Fortbewegung, dem Wandern, ermuntern könnte und Sie uns zudem gedanklich auf unserer Pilgerreise folgen würden. Vielleicht gelingt es mir auch, ein wenig Ihre Lust aufs Pilgern zu wecken. Das prickelnde Erlebnis einer tiefgründigen Begegnung mit sich selbst ist Ihnen dann genauso sicher wie die Bekanntschaft mit abwechslungsreichen Landschaften, geschichtlich bedeutsamen Kulturen und großartigen Menschen.

Den klassischen Wanderführer soll dieses Buch nicht ersetzen, es erhebt vielmehr den Anspruch auf eine informative Reiselektüre mit gutem Unterhaltungswert.

Wesel, 1. Dezember 2014 Dietmar Bunse

Der Portugiesische Jakobsweg

Diese Jakobsweg-Variante gilt wegen ihrer geringen Steigungen als die einfachste und bietet sich als Einstieg für Pilger-Neulinge geradezu an. Der Pilgerweg führt entlang der Atlantikküste durch den grünen Norden Portugals und verbindet die beiden Länder Portugal (133 Kilometer) und Spanien (112 Kilometer) miteinander. In seiner vollständigen Ausdehnung verläuft der Portugiesische Jakobsweg über 620 Kilometer von Lissabon bis nach Santiago. Die Wegführung von Lissabon bis Porto ist auch heutzutage noch lückenhaft, was viele Wanderer davon abhält, von der Landeshauptstadt aus loszulaufen. Die meisten Pilger starten deshalb in Porto und machen sich auf den 235 Kilometer langen Weg. Die alternative, empfehlenswerte Küstenstrecke von Porto über Lavra nach Rates ist 10 Kilometer länger.

Seine Wurzeln reichen bis ins 12. Jahrhundert hinein, dem Beginn der Unabhängigkeit Portugals. Seine Blütezeit erreichte er erst gegen Ende des Mittelalters. Auf historischen Römerstraßen wanderten nicht nur Scharen von Pilgern, sondern auch Könige und Königinnen des damaligen portugiesischen Hofes machten sich auf den nicht ungefährlichen Weg. Die bekannteste, die heiliggesprochene Königin Elisabeth von Portugal, soll im 14. Jahrhundert zum Jakobusgrab gepilgert sein.

Ein Netz von Jakobswegen überspannte seinerzeit das Land. Sie gerieten mit der Zeit größtenteils in Vergessenheit. Erst seit ca. Anfang dieses Jahrhunderts wird das Geflecht an Jakobswegen nachhaltig rekonstruiert und wiederbelebt.

Der Portugiesische Jakobsweg erfreut sich eines zunehmend großen Zuspruchs. Waren es 1999 noch rund Eintausend Pilger, die den Weg bewanderten, so stieg die Zahl stetig bis 2013 auf 29.550 an. Wen wundert's? Der Weg bezaubert durch eine phantastische kulturelle Landschaft, die im Wechsel durch verträumte Dörfer, mittelalterliche Brücken und pittoreske, lang gestreckte Meeresarme geleitet. Der Portugiesische Jakobsweg – ein Sahnestück aus der Feinkost-Abteilung. Zum Verzehr bestens geeignet.

Jakobus und sein Kult

Geboren wurde Jakobus als Sohn des Zebedäus und Maria Salome. Wie sein Bruder Johannes war er Fischer am See von Genezareth, als er Jesus begegnete und einer seiner erstberufenen Jünger wurde. Um das Evangelium zu verkünden, begab er sich nach Jesus Tod auf die iberische Halbinsel. Seine wenig erfolgreiche Mission führte ihn u.a. nach Braga und Padrón. Eine Erscheinung der Jungfrau Maria veranlasste ihn nach Jerusalem zurückzukehren. Eine verhängnisvolle Entscheidung, denn nach seiner Rückkehr wurde er verhaftet und auf Veranlassung von Herodes Agrippa I. im Jahre 44 n. Chr. enthauptet.

Seine Jünger legten seinen Leichnam in ein Boot und segelten über die Meerenge von Gibraltar nach Padrón. Dort landeten sie an und luden den Körper auf einen Ochsenkarren, der sie ins Landesinnere brachte. An der Stelle, wo die Ochsen von sich aus stehenblieben, wurde der Leichnam begraben und ein kleines Mausoleum errichtet. Bis zu ihrem Tod hielten seine Brüder Teodoro und Atanasio die Totenwache und wurden nach ihrem Tod zu beiden Seiten ihres Lehrmeisters beigesetzt.

Das Grab geriet mit der Zeit in Vergessenheit. Der kleine Grabbau verwitterte, wurde von Pflanzen überwuchert und zerfiel. Erst zu Beginn des 9. Jahrhunderts wurde er von dem Einsiedler Pelagio wiederentdeckt. Unerklärliche, in mehreren Nächten auftretende Lichter, machten ihn auf die Grabstelle aufmerksam. Beseelt von seiner Wahrnehmung, begab er sich nach Ira Flavia, der Residenz des Bischofs Teodomiro und berichtete ihm von seiner Beobachtung. Der Bischof reiste mit einigen Gefolgsleuten zu dem Ort und identifizierte das Jakobusgrab. Im Anschluss wurde eine kleine Basilika gebaut. Eine kleine Tat in der damaligen Zeit, ein großer Schritt für die Menschheit. Es war nicht nur die Geburtsstunde von Santiago de Compostela, sondern auch für den Jakobuskult.

Die Kunde vom wundersamen Grabfund verbreitete sich wie ein Lauffeuer in ganz Europa. Ein Strom von Pilgern machte sich fortan auf den Weg, um die sterblichen Überreste anzubeten. Die Entdeckung des Grabes erhielt aber noch eine andere Bedeutung. Weil große Teile Spaniens seit dem 8. Jahrhundert von Mauren besetzt waren, ersehnte das einheimische Volk einen Fingerzeig im Kampf gegen die muslimischen Glaubensfeinde. Der Grabfund entwickelte sich zum auslösenden Moment für die Reconquista, die Rückeroberung Spaniens im Zeichen des Kreuzes. Insofern darf es nicht verwundern, dass Jakobus zum Symbol des Widerstandes gegen die Mauren aufstieg und in vielen Kirchen entlang des Jakobsweges durch künstlerische Darstellungen als Maurentöter (Matamoros), meist auf einem Streitross reitend, verherrlicht wird.

Im Mittelalter, als die Wallfahrtsbewegung ihren Höhepunkt erreichte, gingen die Pilger den beschwerlichen Weg zum Ablass ihrer Sünden und waren am Ziel sündenfrei. Damals war der Jakobsweg für viele ein Weg ohne Wiederkehr, denn die körperlichen Anstrengungen mit primitiver Ausrüstung und die zahlreichen Banditen forderten ihren Preis.

Ob von Portugal, Italien, Frankreich, Skandinavien, Holland, der Schweiz oder Deutschland aus, überall entwickelte sich ein Netz von Jakobswegen bis nach Santiago de Compostela. Dabei beginnt der klassische Jakobsweg in Saint-Jean-Pied-de-Port (Frankreich), führt über die Pyrenäen und durchstreift die Städte Pamplona, Logroño, Burgos, Fromista, León, um sich in Santiago zu vollenden.

Auf die Frage, wo der Jakobsweg beginne, erhält man in Spanien die Antwort: »El camino camienza en su casa« (Der Weg beginnt in Ihrem Haus). Einige Hartgesottene halten sich daran und scheuen sich nicht, den langen Weg über Tausende von Kilometern von der Haustüre aus zum Grab des Apostels anzutreten.

Egal aus welchem Erdteil, unterwegs sind Menschen aus allen Berufszweigen, Gesellschaftsschichten und den unterschiedlichsten Kulturen anzutreffen. Der Entschluss, auf dem Jakobsweg zu pilgern, hat für jeden eine eigene Bedeutung. In den ersten Jahrhunderten standen noch Frömmigkeit und tiefer Glaube im Vordergrund. Heute sind es des Öfteren sportliche Gründe. Aber fast alle, egal welcher Couleur, verbindet der eine Beweggrund, der schon millionenfach Pilger auf den Weg gebracht hat: die Suche nach sich selbst.

1
Porto – die Perle am Río Douro
Anreise, Aufenthalt, Ausgangspunkt

Man setze sich in den Flieger von Weeze nach Porto, ist dabei dem Herrgott Zehntausendmeter näher und freue sich. Freue sich auf Porto und den Jakobsweg.

Nach 2½-stündigem Flug erreichten wir die schöne Handelsstadt. Gleich am Ausgangstor des Flughafens erhielten wir einen Stadtplan. Damit bekam Porto für uns ein kartografisches Gesicht. Wir nahmen für kleines Geld den Linienbus 601 und erreichten bald die Haltestelle an der Kirche Torre dos Clerigos, kurz vor der Stadtmitte. Von dort aus waren es nur noch wenige Hundert Meter bis zum vorgebuchten Hotel de Paris, dem ältesten Hotel in Porto.

1 ½ Tage standen uns zur Verfügung. Eigentlich zu wenig, um eine Stadt wie Porto intensiver kennenzulernen. Insofern stellt sich die Frage: Was muss man und was kann man besichtigen? »Hop on/ Hop off Busse«, die auf verschiedenen Routen durch die Stadt führen, unterstützen einen individuellen Besichtigungsplan. Wir kauften ein Ticket mit einer Kombination von Bus-/Schifffahrt und Portweinverköstigung. Eine gute Dosierung, um komprimiert Portos schöne Seiten zu erleben, wobei die Portweinprobe eher am Ende der Kombination stehen sollte.

Unser Besichtigungsprogramm lenkte uns auf die Altstadt und den Bahnhof Sâo Bento. Hier wartet man ausnahmsweise gerne. Blickfang sind die großen bunten Kachelbilder mit geschichtlichen Szenen, die in der Halle prangen. Aus der Höhe der Brücke Ponte Dom Luís I erhält man einen herrlichen Blick auf die teilweise steilen Uferbereiche des Río Douro. Eine Fahrt mit einem der historischen Rabelo-Holzboote zum Mündungsufer des Flusses und ein abschließendes Abendessen in einem chicen Hafen-Restaurant mit Blick auf die hell erleuchtete Bogenbrücke. Eben deswegen hat der Caminho Portugués einen großen Fehler: Er beginnt in Porto.

2
Die alte Eléctrico
Porto – Lavra, 22 km am 24. April

Willkommen auf dem Jakobsweg. Regenwolken! Und die konnten sich nicht mehr zurückhalten und schütteten ihre nasse Last in gnadenlosen Schüben über die Stadt aus. Lieber Jakobus, so hatten wir uns das nicht vorgestellt!

Nach einem perfekten kontinentalen Frühstück zogen wir um 9 Uhr von unserem romantischen Hotel de Paris los. Den Komfort und die Geborgenheit eines Mittelklassehotels tauschten wir nun gegen die Unbequemlichkeiten des beginnenden Weges. Erste Station war die romanische Kathedrale Sé, die stolz auf dem Altstadt-Hügel Pena Ventosa thront. Auffällige Geräusche durchdrangen den Kirchenraum als wir eintraten. Es klang wie: tack, tack, tack! Eine hinter einer Bedienungstheke verschanzte Senhora war wie eine Maschine stoisch damit beschäftigt, das schöne Kathedralsiegel in irgendwelche Dokumente zu stempeln. Zunächst wurden wir nicht eines Blickes gewürdigt. In der Absicht ihre Scheuklappen zu überwinden, unterbrach ich nach einer angemessenen Toleranzzeit ihren maschinellen Eifer mit einem Räusperton. Erschrocken sah sie mich mit großen Augen an. Ich hatte sie offensichtlich aus ihrem Stempelrausch geholt. Freundlich bat ich sie um zweimal »tack« für unsere Pilgerpässe, was sie bereitwillig erledigte.

Danach starteten wir endgültig in den verregneten Caminho Português. Gelbe Pfeile führten uns zunächst durch steile, verwinkelte Gassen. Als eines dieser Wegzeichen nach rechts führte, schwante uns Böses. Wir wollten doch zur Küste und nicht die ins Landesinnere führende Route nach Rates nehmen! Genauso wie man einem Navigationsgerät niemals blindlings vertrauen sollte, sind – wie wir später noch leidvoll erfahren sollten – auch die gelben Wegzeichen gelegentlich trügerisch. Die eigene Logik und das feine individuelle Gespür dürfen unterwegs niemals ausgeschaltet sein.

Wir orientierten uns nach links und erreichten bald das Ufer des Flusses. Die parallele Wegführung der uralten Straßenbahn brachte uns auf eine Idee. Warum im Regen laufen, wenn es doch einfacher geht? Nach einer kurzen Wartezeit in einem Wartehäuschen ratterte die Eléctrico, die dienstälteste Straßenbahn der iberischen Halbinsel, heran. Eine hübsche Straßenbahnschaffnerin mit langen schwarzen Haaren führte uns im Schritttempo bis zur Endstation an das 4 Kilometer weiter entfernte offene Meer. Auf angenehme Art wanderten so die ersten Kilometer in die Wanderspardose. Das Wetter bescherte uns beim Ausstieg ein überraschendes Geschenk: Sonnenschein! Verdrängungswettbewerb am Himmel! Fast so wie im Wirtschaftsleben. Aber irgendwann gewannen die Wolken wieder die Oberhand und verdrängten die Sonne, schoben sie möglicherweise bis ins Depot der alten Straßenbahn und ließen sie dort in einem neuen Glanz erscheinen.

Vorbei am Leuchtturm Faro de San Miguel erreichten wir einige Kilometer weiter die Festung Forte Sáo Francisco Xavier, welche sich wie ein Bollwerk gegen die stürmische See stemmt.

Das sich anschließende Matosinhos erstreckt sich anfangs mit seinen himmelragenden Hochhäusern wie eine kleine Satellitenstadt, um sich später seicht in alte Häuserzeilen mit vielen verlockenden kleinen Fischrestaurants zu vollenden. Hier könnte man in Begleitung einer guten Flasche Wein glatt versumpfen. In einer Ansiedlung von raumgreifenden Hallen reichen sich unüberriechbar einige Fischfabriken die Hand.

Über eine 500 Meter lange Brücke erreichten wir einen anderen Stadtteil.

Auftretender Regen zwang uns zu einer willkommenen Einkehr in ein Café. Mit einer schönen Tasse Café con leche im Bauch machten wir uns wieder auf den Weg. Vorbei an einem Leuchtturm gingen wir zur Eremita de la Boa Nova. Erneut braute sich ein tiefgraues Wolkengemenge zusammen. Eine Portweinpause in einem Restaurant sorgte für eine gelungene Abwechslung.

Mit promillischer Leichtigkeit lief Andrea anschließend vor mir her. Mutterseelenallein. Pilger zählten auf diesem Wegabschnitt zur Rarität. Waren sie kollektiv den Reizen der zahllosen Fischrestaurants und Strandbars erlegen? Vielleicht war es ja ein Windstoß, der mir ein Lied von Pete Seeger in den Sinn fegte: »Sag mir wo die Blumen sind, wo sind sie geblieben?« Ich fing an, einige Textpassagen aus diesem schönen Lied zu singen und den ursprünglichen Text zu verändern. Das Wort »Blumen« gegen »Pilger« ersetzend, steigerte ich mich fortan lauthals in musikalische Stimmung. Ich spürte es, der Geist dieses Liedes küsste wie eine Hymne die Vita des Jakobsweges.

Man fängt an, in den Tag zu träumen. Da war der Wind und da war das Meer. Rauschend, von den Wellen aufgewühlt. Die dunklen Wolken wurden an ihren Rändern von den Lichtreflexen der einstrahlenden Sonne angezündet. Und plötzlich war da die Freude hier sein zu können. Die Schönheit der gewaltigen Mächte der Natur genießen zu können, in diesem Augenblick, fort von den Lieben daheim und der Hektik des Alltags. Keine Fragen, keine Antworten. Nur Ruhe und Frieden. Es war gut, in der Zweisamkeit allein zu sein. Ein ungewohntes Gefühl, ein Wohlgefühl. Ein paar Tage das Handy ausschalten, auf Facebook, Internet oder Twitter zu verzichten. Nicht verbunden, nicht vernetzt. Ich bin dann mal bei mir. Die anderen müssen halt draußen bleiben. Wandern in der Ferne kann sooo schön sein!

Ein Chemiewerk in direkter Küstennähe störte einschneidend das Landschaftsbild. Es wirkte wie ein Fremdkörper. Nicht auszudenken, wenn technische oder menschliche Fehler zu einer Katastrophe führen würden. In der Nähe breiteten Callas ihr weißes Hochzeitskleid aus. Eine ganze Plantage dieser in Portugal häufig anzutreffenden Pflanzen zeigte uns in aller Fülle ihre kelchartigen, prächtigen Blüten. Hatte möglicherweise die Chemie ihr Wachstum begünstigt?

Wir liefen auf kilometerlangen holzbeplankten, eingezäunten Wegen entlang der Küste, die fast wie eine kleine Spalierstraße wirkten. Sie schützen das riesige Naturreservoir vor menschlichen Eindringlingen. Flora und Fauna können sich so ungehindert entfalten. Viele Schilder informieren über Pflanzen und Seevögel.

Ein großer, schon von weitem auffälliger Obelisk stand wie ein Mahnmal in der Landschaft. Es handelt sich hierbei um die Stelle, wo 1832 König Peter IV. mit seiner 7.500 Mann starken Armee landete, um die absolutistische Herrschaft in Portugal zu beenden.

Obelisk von Memória

Wiederum war bedrohliches Gewölk im Anmarsch. Aufbrausende Sturmböen entrissen meinem Rucksack sein schützendes Regencape. Es flog über 30 Meter unkontrolliert durch die Luft, um auf wundersame Weise wie ein Bumerang in einem Radius von 180 Grad zu mir zurückzukehren. Ich brauchte es nur noch mit einem meiner Trekkingstöcke zu fixieren und aufzunehmen.

Unsere Kräfte schwanden im weiteren Verlauf zusehends, immerhin waren wir schon über 18 Kilometer gelaufen. Andrea bekam Probleme mit ihren schmerzenden Füßen und auch meine Hüften meldeten sich. Leider schenken wir unserem Körper im Alltagsleben nicht immer die notwendige Aufmerksamkeit, doch hier, unter den strapaziösen Bedingungen, bot sich körperseits die seltene Chance nachhaltig Zuwendung und Pflege einzufordern.

Informationshalber fragte ich einen vorbeikommenden Portugiesen, der seinen kleinen Basset mit rhabarberblattgroßen Schlappohren Gassi führte, nach dem Campingplatz von Lavra, unserem heutigen Ziel. Er sprach zwar kein Wort Englisch, verstand aber unser Anliegen und deutete ohne Umschweife an, dass er uns mit seinem Auto dort hinfahren wolle. Wir waren von seiner Freundlichkeit überwältigt, lehnten aber letztendlich die großzügige Geste ab. Trotz Schmerzen wollten wir es uns am ersten Wandertag nicht nehmen lassen, die letzten Kilometer aus eigener Kraft zu laufen.

Kaum auffallend, verbergen sich kurz vor Lavra die sehenswerten historischen Salztanks aus der späten Römerzeit. Eines der salzigsten Geheimnisse, die der Caminho dem aufmerksamen Betrachter preis gibt. In einem Strandabschnitt von etwa 600 Metern offenbaren 6 traubenartige, in den Boden eingelassene Gruppen von tankähnlichen Granitbecken ihre weitgehend unbekannte Geschichte. Römische Fischer nutzten die verschieden tiefen Tankbecken um Fisch nach eigenen Rezepten in einem selbst hergestellten Solekonzentrat zu konservieren.

Ziemlich erschöpft erreichten wir gegen 17.30 Uhr den Campingplatz in Lavra. Wir entschieden uns für einen kleinen Bungalow. Trotz karger Einrichtung waren wir absolut glücklich über unser kleines Dach über dem Kopf. Luxus war uns nicht wichtig. Die Stille des in einem kleinen Wald eingebetteten, saisonal kaum frequentierten Campingplatzes gefiel uns und tat richtig gut.

Wir machten es uns zunächst auf den einfachen Campingstühlen bequem, befreiten unsere Füße von den miefenden Wanderschuhen und ließen die wärmenden Sonnenstrahlen in uns eindringen.

Eine junge Pilgerin tauchte auf. Sie schien irritiert, suchte vielleicht sogar ein wenig verzweifelt nach einem Bungalow. »Wisst ihr, wo die Nummer 508 sein könnte?«, fragte sie achselzuckend, und zeigte uns dabei den Schlüssel. »Hm«, sagte ich, den Schlüssel argwöhnisch betrachtend, »die Zahl könnte auch 503 bedeuten.« Die letzte Ziffer war nicht eindeutig, irgendwie verschwommen. Ich deutete ihr den vermuteten Bereich an. Offensichtlich stimmte die Richtung, denn sie kehrte nicht zurück.

3
Der Irrweg
Lavra – Rates, 24 km am 25. April

Sonnenschein durchflutete die kühle Luft des anbrechenden Tages. Im Widerschein des Lichts leuchteten das knorrige Geäst und die Blätter der aufragenden Bäume wie funkelnde Edelsteine. Eine aufmunternde und aufmerksame Begrüßung der Natur für die beginnende Wanderung.

Nach einer »Katzenwäsche« brachen wir nüchtern auf. Vor einem Strandcafé zog eine lebensgroße Seeräuber-Attrappe unsere Blicke auf sich. So eine Art nonverbaler »Reinschmeißer«! Die witzige Idee interpretierten wir als Einladung zum Frühstück. Dort trafen wir »Bungalow-Sucherin« Julia, eine junge Österreicherin, wieder. Ein Portugiese hatte sie bereits angebaggert und wollte ihr seine Wohnung zeigen. Als er uns bemerkte, schwenkte er rasch um und lud uns gleich mit ein. Blitzschnell nahmen wir Blickkontakt zu Julia auf – und lehnten freundlich ab. Wir bestellten leckere Käseomlettes und zwei große Tassen Kaffee.

Bald ging es über schöne Strandabschnitte nach S.Paio. Plötzlich wurden wir beobachtet! Riesige, auf einem Felsbrocken gemalte Augen blickten uns misstrauisch an. Ein pfiffiger Künstler hatte dem Felsen ein ausdrucksstarkes Gesicht verliehen. Für die hervorstehende Stirnpartie und die markante Nase mit auffälligem Nasenloch zeichnete die jahrtausendwährende Erosion Verantwortung, die Bemalung der Augen erfolgte von kreativer Menschenhand. Ein Meisterstück, gleichermaßen von Natur und Mensch gestaltet. Das Naturkunstwerk erinnert irgendwie an den Mount Rushmore/ USA mit seinen in Stein gemeißelten Präsidentengesichtern.

Wir querten das Dörfchen S.Paio. Es bestätigt sich immer wieder, man muss aufpassen wie ein Luchs. Beispiele aus der Tierwelt sind manchmal sehr lehrreich. Denn: Unaufmerksame Momente bestraft der Weg auf seine eigene Weise. Am Campingplatz kurz vor Azurara hatten wir mal wieder »Knöpfe auf den Augen« und einen gelben Pfeil übersehen. Tja, und bald standen wir erstaunt vor einer breiten, unüberwindlichen Flussmündung. Schwimmen kam für uns nicht in Frage. Also umdrehen und zurück! 3 Kilometer für die Katz! Am Campingplatz vorbei kamen wir wieder in die richtige Spur. Wir erreichten die ersten Häuser von Vila do Conde. Eine Erfrischung in einem Café sollte uns guttun. Danach liefen wir über die 150 Meter lange Flussbrücke, die wir uns lieber 500 Meter weiter westlich gewünscht hätten. Am Ende wiesen uns frisch aufgepinselte gelbe Pfeile den Weg links unter die Brücke. Und nun begann der Irrlauf. Im tief verwurzelten Glauben an die Farbe Gelb folgten wir in Demut dem ausgezeichneten Weg. Kilometerlang! Ein neuer Küstenweg war geboren und wir spielten ahnungslos und ungewollt die Geburtshelfer. Ständig geleiteten uns deutlich sichtbare gelbe Pfeile durch die nicht durch Ortsschilder gekennzeichneten Ortschaften. Die Wegbeschreibung unseres Reiseführers war mit unserer Wegführung überhaupt nicht mehr identisch. Wir wurden so langsam skeptisch. Aber wo lag der Fehler?

Zur Lagebesprechung kehrten wir in ein Café ein. Um unsere Position zu klären, versuchte ich, Englisch sprechend, Kontakt mit einigen Gästen aufzunehmen. Doch keiner war der englischen Sprache mächtig. Nur einem jüngeren Portugiesen konnte ich ein paar Englischbrocken abringen. Er meinte, bis Rates, unserem heutigen Ziel, seien es noch etwa 10 Kilometer. Das konnte nach meiner Einschätzung nicht stimmen. Wir waren schon den ganzen Tag gelaufen und hatten gefühlt weit mehr als 20 Kilometer zurückgelegt. Andrea war einigermaßen verzweifelt und ich völlig ratlos.

Wir verließen das Café und folgten einem gelben Pfeil um die Ecke. Es fing an zu regnen. An einer Kreuzung atomisierten sich die gelben Wegzeichen. Kein Hinweis mehr! Wir waren orientierungslos. Wo, verdammt noch mal, waren wir? Ich fragte zwei Portugiesen. Sie verstanden mich nicht. Was machen? Plan B rausholen und der hieß: Bus. Aber wo war die Haltestelle? Wir fragten mehrere Passanten. Mit Ach und Krach erreichten wir eine Bushaltestelle. Was wir nicht wussten: Heute war Feiertag und es fuhren so gut wie keine Busse. Die wartende Menge von Leuten konnte uns nicht weiterhelfen. Keiner verstand uns. Vielmehr wurden wir zur gegenüberliegenden Straßenseite verwiesen. Jetzt war es aber Schluss mit lustig! Alarmstufe Rot! Wir zogen die Reißleine. Weitere Irrleitungen konnten wir uns heute nicht mehr leisten. Also kam jetzt Plan C zum Zuge und der hieß: Taxi! Glücklicherweise befand sich in unmittelbarer Nähe ein Taxistand. Ich erklärte dem gut Englisch sprechenden Taxifahrer das Fahrziel: die Herberge in Rates. Er nickte. Für 15 Euro wollte er uns dort hinfahren. Der Preis war uns inzwischen ohnehin egal. Während der Fahrt fragte ich den freundlichen Taxifahrer: »Where did we start?«»In Póvoa de Varzim«, meinte er lapidar. Damit konnte ich im Moment nichts anfangen. Ich schlug die Karte meines Reiseführers auf. Er zeigte mit seinem Finger auf den Ort. Ich fing höhnisch an zu lachen, hätte mich in diesem Moment glatt ohrfeigen können und stammelte nur noch »I can't believe that, I can't believe that!« Andrea sagte gar nichts mehr. Der Ort lag völlig abseits der Route. Die Aufklärung lautete: Wir waren einer fatalen Irrleitung erlegen. Bei der von uns eingeschlagenen Route handelte es sich um eine neue, von Vila do Conde aus führende Alternativ-Variante, nördlich der Küste entlang. Diese Wegführung ist weitgehend unbekannt und bisher in keinem Wanderführer beschrieben. Um den bekannten, nach Rates führenden Weg zu nehmen, hätten wir hinter der Brücke von Vila do Conde rechts am Kloster entlang und nicht nach links gehen müssen. Wegen der eindeutigen, frisch gepinselten Pfeile hatten wir offensichtlich den »schwächeren«, nach rechts führenden Pfeil am Ende der Brücke übersehen. C'est la vie!

Das Taxi fuhr uns bis zur öffentlichen Pilgerherberge. Vom Hospitalero wurden wir mit freundlicher Wärme empfangen. Viele Deutsche hielten sich hier auf. Uns wurden 2 Stockbetten in einem kargen 10-Bett-Raum zugewiesen. Nach dem Duschen ließen wir uns in einer nahegelegenen Bar für kleines Geld ein opulentes Abendessen mit reichlich Fisch und Wein bis zum Abwinken auftischen. Charly aus Augsburg leistete uns dabei Gesellschaft.

Irgendwie gleichen Herbergen einem großes Lagerfeuer, an dem sich alle versammeln. Dementsprechend wurde von Hospitalero Antonio um 21 Uhr eine Feuerzangenbowle nach keltischem Ritual zubereitet. Nachdem er Wein und Alkohol in den großvolumigen

Kessel eingefüllt hatte, zündete er die Flüssigkeit an. Nun musste jeder Pilger nach vorne kommen und bei einem Schwenk der Kelle einen Gruß oder Wunsch in seiner Landessprache an die Anwesenden richten. Nach keltischem Glaube verbinden sich die Sprüche mit dem Geist des Alkohols und bringen den Pilgern beim anschließenden Genuss Glück auf der weiteren Wanderung. Nachdem jeder Pilger seine Wünsche zum Ausdruck gebracht hatte, wurde das Licht ausgeschaltet. Die lodernden, gut sichtbaren blaugelben Flammen gaben dem Raum atmosphärisch eine spirituelle Note. Währenddessen rührte Antonio kräftig im Kessel und ließ die flammende Flüssigkeit immer wieder von der Kelle in den Kessel träufeln. Nach der beeindruckenden Flammenschau wurde das Licht wieder eingeschaltet. Antonio überreichte jedem Pilger einen kleinen Tonbecher mit dem wohlschmeckenden Inhalt. Gegen eine Spende von einem Euro konnte jeder Konsument seinen Becher als Erinnerung an diesen außergewöhnlichen Abend behalten.

Seinen Blicken entgeht keiner: Gemeinschaftskunstwerk von Natur und Menschenhand auf einem riesigen Felsbrocken kurz vor S.Paio

4
In Feierlaune
Rates – Barcelos, 15 km am 26. April

Genau so hatten wir uns das vorgestellt! Der Schlafsaal war eine Festung der Stille. Keine Schnarcher! Keine Nachtfurzer und keine Huster! Gut geschlafen! Im Grunde genommen wacht man mit einem Lächeln in den Mundwinkeln auf und beginnt, den anbrechenden Tag zu umarmen.

Der Tag erwiderte unsere Umarmung mit Feuchte. Nieselregen! Na ja, immer noch besser als Bindfaden-Regen.

Um 7 Uhr bewegten wir uns in Richtung des ortsansässigen Cafés. Die ausströmenden Düfte der frisch gebackenen Croissants und des aromatischen Kaffees weckten unseren Appetit und verleiteten zur Einkehr. Wir gönnten uns ein ausgiebiges Frühstück.

Um kurz vor 8 Uhr pilgerten wir los. Die sich dem Dorf anschließenden wasserdurchweichten Waldwege, eine Folge der heftigen Regennacht, schlammten uns ganz schön zu. Immer wieder suchten wir nach den schlammlosen Inseln und hüpften und sprangen dabei wie Inselhopper im Zickzackkurs wild umher.

Im Hinblick auf die Nässe schmollte die Flora. Beeindruckt von der Dominanz der grauen Wolken wirkten auch die ansonsten strahlenden Blumenwiesen wie botanische Aschenputtel. Die Farbe Grau zog sich wie ein dunkles Trauergewand über die Landschaft. Gelangweilt schälten sich die zahlreichen Eukalyptusbäume die eigene Rinde vom Stamm und rotteten sich zu ausgeprägten Waldgebieten zusammen. Gefühlsmäßig wanderten wir durch einen kalten, unwirtlichen Regenwald. In Ermangelung von herabhängenden Lianen spiegelten die bizarren Rindenfetzen der Eukalyptusbäume irgendwie den Hauch einer Urwaldmetapher wider.

Wie gut, dass wir uns mal wieder verlaufen hatten! Wir schienen dazu Talent zu entwickeln. Das tief ins Gesicht gezogene Regencape verhinderte wohl die Sicht auf einen wegweisenden gelben Pfeil. Wir passierten eine kleine Ortschaft, die wir eigentlich nicht durchqueren sollten. Ein kleiner Hund folgte uns, bellte uns lautstark an. Vielleicht sollte seine an uns gerichtete Botschaft lauten: »Merkt ihr es nicht, ihr blöden Pilger, ihr seid falsch hier!« Eine freundliche Portugiesin wies uns schließlich wieder den Weg.

Die Bar Pedra Furada im Örtchen Góios war die willkommene Pausenstation. Die pilgerfreundliche Kneipe bietet nicht nur alles, was den aufnahmebereiten Magen erfreut, sondern sie führt auch Pilgerutensilien bis hin zu diversen Wanderführern. Als wir die Bar verließen, ließ der Regen spürbar nach, um sich kurze Zeit später endgültig den ersten zarten Sonnenstrahlen zu ergeben.

Charly tauchte auf. Er wollte bis Portela de Tamel laufen. Wir waren unentschlossen und tendierten eher zu Barcelos. In der frühen Mittagszeit erreichten wir die sympathische Kleinstadt. Wir überquerten die aus dem 14. Jahrhundert stammende Brücke über den Río Cávado, passierten ein Konglomerat von Sehenswürdigkeiten, allen voran die Ruinen der Burg- und Palastanlage.

Das heute stattfindende Stadtfest »Festa das Cruzes« leistete schließlich Überzeugungsarbeit. In dieser feierlichen Atmosphäre wollten wir den Rest des Tages verbringen.

Die Stadt wurde fein herausgeputzt. Eine Kirmes verleitete zum vergnüglichen Verweilen, Marktbuden boten Textilien, Lederwaren und Essbares an. Mehrere Bühnen kündeten Auftritte für den Nachmittag und ein bedeutendes Musikkonzert für den Abend an. Auch die Medien durften in dieser Kulisse nicht fehlen. Das portugiesische Fernsehen berichtete Life von dem Spektakel und war mit mehreren Kameras und Reportern präsent. Es herrschte reges Treiben in den Straßen. Die ganze Stadt pulsierte. Wir waren uns sicher: Die große Party darf nicht ohne uns stattfinden!

Im Stadtzentrum fanden wir im Hotel Terco unter Ausnutzung des eingeräumten Pilgerrabattes eine schöne Bleibe. Hier konnten wir einige verschmutzte Kleidungsstücke waschen und uns mit einer herrlich erfrischenden Dusche wieder auf Vordermann bringen.

Andrea entwickelte einen ausgeprägten Heißhunger auf Hähnchen. Sie war geradezu verrückt nach einer Riesenportion knusprig gebratenen Geflügels. Also stellten wir unsere Besichtigungspläne zurück und gingen zunächst auf »Hähnchenjagd«. Aber wo findet man ohne große Zeitverschwendung den im Moment so hochbegehrten Magenschmaus? Das Touristen-Büro sollte helfen! Die nette, gut englisch sprechende Senhora zeigte uns auf einem Stadtplan die Lage des auf Geflügel spezialisierten Restaurants Furna. Quasi der »Wiener Wald« von Barcelos. Das Ziel vor Augen, zogen wir los. Als wenn uns unsichtbare gelbe Pfeile den Weg wiesen, wir fanden das Lokal auf Anhieb. Der ausströmende Geruch aus der Küche verstärkte unsere Gier inzwischen aufs Unerträgliche. Lange konnten wir uns nicht mehr zurückhalten.

Wir betraten den Speiseraum und nahmen Platz. Hähnchenfleisch musste schleunigst auf den Tisch, sonst hätten wir für nichts mehr garantieren können. Andrea wäre in der Lage gewesen, die Küche zu stürmen. Ich winkte den Ober herbei. Er brachte uns die Karte und wollte weggehen. Ich packte ihn am Arm, machte ihm klar, dass wir eine ganz schnelle Entscheidung treffen würden: Wein, Wasser, eine XXL-Portion Hähnchenfleisch mit einer Riesenportion Pommes und eine große Salatplatte. Fertig!

Der Ober kapierte unser Ansinnen und leitete unsere Order mit dem Vermerk »Eilt sehr« weiter. Zunächst erhielten wir fruchtigen Weißwein und einen mit Baguette-Scheiben gefüllten Brotkorb. Das half fürs Erste. Die Minuten verrannen. Wo blieb das alles erlösende Hähnchenfleisch? Weitere Minuten verrannen. Und dann kam er! Der Ober, mit einer fürstlichen, von Pommes überquellenden Riesenplatte Hähnchenfleisch in der einen Hand, in der anderen Hand die Salatplatte haltend. Die war im Moment nicht so wichtig. Als er die Platten abstellte, lief uns das Wasser sturzbachartig im Mund zusammen. Wir legten alle Zurückhaltung ab und griffen voller Begierde zu. Noch nie hatten wir so heißhungrig und genussvoll schmackhaft zubereitetes Geflügel verzehrt. Innerhalb von zehn Minuten putzten wir die Platte leer. Wir waren satt. Fast! Eine kleine Flasche Weißwein, Karamellpudding und Espresso sollten noch folgen. Hochzufrieden und mit einem wohligen Sättigungsgefühl im Bauch verließen wir das Restaurant.

Das gerade von uns verspeiste Tier spielt nicht nur für Barcelos, sondern für die ganze Nation eine große symbolische Rolle. Einer Legende nach wurde ein Bauer, der nach Santiago de Compostela unterwegs war, in Barcelos fälschlicherweise eines Silberdiebstahls bezichtigt. Er wurde vor Gericht gestellt und zum Tod durch den Strang verurteilt. Vor seiner Hinrichtung verlangte der Bauer ein letztes Mal mit dem Richter zu sprechen, der ihn verurteilt hatte. Der Richter war gerade dabei, einen gebratenen Hahn zu verzehren. Verzweifelt erklärte er dem Richter, dass er unschuldig sei und der Hahn vom Teller hüpfen und während seiner Hinrichtung krähen würde. Als der Bauer trotz aller Bekundungen gehängt wurde, begann der Hahn tatsächlich zu krähen. Der Richter eilte zum Galgen, um die Hinrichtung zu stoppen. Er sah, dass die Schlinge sich wie durch ein Wunder gelöst hatte. Die Unschuld war somit bewiesen und der Pilger konnte unversehrt die Stadt verlassen. Einige Jahre später kehrte er nach Barcelos zurück und errichtete eine Gedenkstätte mit einem Kreuz. Das aufragende Kreuz befindet sich auf dem Gelände der Burg- und Palastruine neben dem archäologischen Freilichtmuseum.

Soweit diese Geschichte, die stark an das Hühnerwunder von Santo Domingo de la Calzada (Camino Francés) erinnert. Wenngleich nicht glaubhaft, so berührt diese Legende für die Portugiesen ungemein wichtige Attribute für das tägliche Leben, wie Gerechtigkeit, Stolz, Schicksal und Wunderglauben.

Der Hahn von Barcelos wird sowohl in den Geschäften als auch auf dem Markt in verschiedensten buntbemalten Variationen angeboten. Mit Rücksicht auf unsere Rucksäcke kauften wir zwei kleine flache Magnet-Exemplare. Mit ihrer Farbfülle werden sie unsere Erinnerungen an Barcelos für immer wachhalten.

Nach der opulenten Mahlzeit war nun Bewegung gefordert. Wir wollten die Stadt näher kennenlernen und besichtigten zunächst ein selten schönes Schmuckstück, die untypisch runde Barock-Kirche Bom Jesus, die in ihrem Inneren von auffälligen weißblauen Kachelbildern dominiert wird.

Wir gingen durch die Altstadtgassen weiter in Richtung Fluss zur Hauptkirche Matritz. Außer der über dem Portal eingelassenen prächtigen Fensterrosette sind in dem sehenswerten, dreischiffigen Gotteshaus auch barocke Elemente und romanische Teile, wie etwa die Kapitelle der Säulen, zu bestaunen.

Abends verzierten unzählige bunte Lichterketten den Stadtkern. Nicht nur die Kirche Bom Jesus, sondern ganze Straßenzüge wurden durch unzählige Leuchtdioden in ein gleißendes Lichtermeer versetzt.

Auf einer großen Bühne spielte ab 22 Uhr die bekannte portugiesische Boy-Group Aurora. Die junge Band heizte mit ihren Songs die Stimmung mächtig an und versetzte die Massen in Verzückung. Insbesondere die junge weibliche Fan-Gemeinde schien von der anmutenden Musik der gutaussehenden jungen Männer fasziniert. Immer wieder wurde nach jedem Lied der Applaus von langanhaltendem Gekreische begleitet. Höhepunkt war das Feuerwerk um Mitternacht.

Nach den vielen schönen Tageserlebnissen war die Zeit reif, uns vom Stadtfest zu verabschieden, in Richtung Hotel zu schlendern, um müde in unsere Betten zu plumpsen.

Mit Lichterketten geschmückte Kirche Bom Jesus

Im Klammergriff: Andrea und der Hahn von Barcelos

5
Fernanda
Barcelos – Vitorino de Piães, 20 km am 27. April

Die laute Musik ließ mich nicht zur Ruhe kommen. Trotz geschlossener Fenster und Ohropax drangen die Töne wie lästige Würmer in meine Gehörgänge und hielten mich lange Zeit vom Schlaf ab. Den tiefen Atemzügen von Andrea konnte ich entnehmen, dass sie sich bereits im Tiefschlaf wähnte. Beneidenswert. Im Kerngebiet meiner Nervenzellgruppen herrscht beim Einschlafen wohl ein hochkompliziertes Reizklima. Leider verfüge ich über sensible Schlafeigenschaften, was insbesondere in den Herbergen nicht unbedingt ein Vorteil war. Sei's drum, trotz kurzer Nacht, die Stadt und ihr Fest bleiben in guter Erinnerung!

Um 8 Uhr brachen wir auf. Etwas schläfrig brachte ich meine unmotivierten Beine in Bewegung. Das sollte sich bald ändern. Ein kleines Frühstück und ein guter Café con leche sorgten für eine spürbare Belebung des Bewegungsapparates. Die war auch notwendig, denn der giftige, 200 Höhenmeter umfassende Aufstieg kurz vor der Ortschaft Tamel forderte unsere Kräfte.

In einer Bar nahe der Herberge gab es die wohlverdiente Pause. Eine erfrischende Cola sollte uns guttun. Guttun? Na ja, eigentlich zählt Cola ja nicht unbedingt zur Gesundheitskost. Saurer Geschmack, hervorgerufen durch Phosphorsäure, Süße, die die Geschmacksnerven manipuliert, Lebensmittelfarbstoff, der die dunkle Farbe vermittelt. Bei dieser Betrachtung könnte man Ekel kriegen. Machen diese Attribute Cola wirklich zum Trinkerlebnis? Ja und nein! Wenn man ständig an die Zusammensetzung denkt, wird der Trinkgenuss eher zum Trinkverdruss. Aber, werden die Gedanken an Chemie ignoriert, wird das kühle zuckerhaltige, mit Koffein versetzte Getränk zum köstlichen Aufputschmittel. Wir tranken unsere Cola jedenfalls mit Freude und spürten eine anregende Wirkung in unseren Körpern. In einem zarten Hauch von Colarausch zogen wir weiter. Kurz vor dem kleinen Örtchen Aborim tauchte ein Riese auf. Ein mächtiger, alles überragender, jahrhundertealter Eukalyptusbaum ummantelte sowohl den Weg als auch den angrenzenden Bahnübergang. Mit seinen drei Metern Stammdurchmesser und seiner stattlichen Höhe von etwa 35 Metern ist er wohl seit dem späten Mittelalter ein wichtiger Zeitzeuge am Weg. Wenn er bloß sprechen könnte! Welche Ereignisse, Handlungen und Schicksale mögen sich wohl unter seinen Blättern abgespielt haben?

Der wohl älteste Eukalyptusbaum auf dem Weg

Im weiteren Verlauf wurden die Pforten der Apotheke Gottes weit geöffnet. Kräuter verschiedenster Art säumten den Wegesrand: intensiv riechender wilder Dill, Pfefferminze, Spitzwegerich, Breitwegerich und diverse Doldengewächse. Schätze der Natur, die jeder Kräuterhexe imponieren würden, warteten auf ihre Entdecker.

Die malerisch gelegene mittelalterliche Brücke Ponte das Tábuas forderte eine längere Rast geradezu heraus. Am großzügigen Sandufer des Flusses schnürten wir unseren Rucksack auf und luden uns selbst zu einem Picknick ein. Wie gut kann doch ein Apfel oder eine Banane in so idyllischer Atmosphäre schmecken! Ein Stück trockenes Brot mit Käse wird an der frischen Luft zu einem kulinarischen Höhepunkt. Wir zogen unsere Socken aus und ließen unsere Füße an der Sonne und den angenehmen Temperaturen teilhaben. Eingetaucht in den weichen, wärmegebenden Sand wirkten schon kleine Bewegungen wie eine wohltuende Massage. Leben im Komparativ. Hier ließe es sich stundenlang aushalten! Doch Pilger hält es nie lange an einem Ort. Ultreya! Weiter, heißt es seit vielen Jahrhunderten. Und so verließen wir nach einer Dreiviertelstunde nicht ganz freiwillig unser Idyll.

Frische Luft für meine Wanderschuhe

Eine sich anschließende Sumpfwiese verkündete unverwechselbare Töne. Die Protagonisten, dutzende Frösche, quakten lauthals um die Wette. Vielleicht drängten wir uns wie ungebetene Gäste in ein gerade stattfindendes internes Rock-Festival mit eigenkomponierten Caminho-Liedern. Wie auch immer, es war schrill und laut. Ein Storch könnte mit seinem Erscheinen schlagartig einen Schlussstrich unter das Konzertgetöse ziehen. Aber der war nicht in Sicht.

Schöne Feldwege und eine malerische Landschaft wechselten sich ab. Unser Ziel, die Casa Fernanda, rückte näher. Andreas Füße riefen ohnehin zum Streik auf und nach 20 Kilometern sollte für heute Schluss sein.

Fernanda empfing uns mit freundlicher Wärme. Die Großfamilie wurde durch Ehemann Jacinto, Tochter Mariana, 5 Katzen, und der Hundedame Kila komplettiert. In einem gepflegten langgestreckten Holzhaus befanden sich 12 Betten, die großzügig voneinander getrennt waren. Wir erhielten ein schönes Zimmer mit Bad in einem Anbau. Das Bett war tags zuvor unter dem massigen Gewicht eines Pilgers zusammengebrochen. Dass wir nun auf Matratzen schlafen mussten, störte uns nicht im Geringsten.

Wir fühlten uns im sonnendurchfluteten Garten mit dem auffallend dichten Rasenteppich aus Spitzwegerich wie im Paradies. Fernanda verwöhnte uns und andere Pilger fürstlich mit Obst, Getränken und selbstgemachten Fischfrikadellen. Wir konnten unser Glück kaum fassen! Diese Frau konnte Pilgerwünsche aus den Augen ablesen. Wir fragten uns ständig, was wohl als nächstes folgen würde. Wie wär‘s mit eigenproduziertem Weißwein? Der in einem Krug servierte Tropfen schmeckte nach jedem Glas besser.

Fernanda war die perfekte Gastgeberin. Dabei war sie vollkommen uneigennützig, erwartete nur ein Donativo (Spende) für ihre Dienste. Noch nie habe ich auf meinen vielen Jakobsweg-Wanderungen so pilgerfreundliche, herzliche Gastgeber erlebt. Ob Worte oder Handlungen, Fernandas Wärme war immer spürbar. Bei ihr muss die Gastfreundschaft erfunden worden sein.

Wir lernten viele Pilger kennen. Allen voran Jacob und seine Frau Ela aus Haifa/Israel. Der 70-jährige Jacob war ein beeindruckender Erzähler und Weltkenner. Durch seine berufliche Tätigkeit als Ingenieur lernte er die schönsten Metropolen der Welt kennen. Nach seiner Pensionierung bereist er sie erneut, um sie seiner Frau zu zeigen. Das gepriesene Indien war ein Lieblingsziel der beiden. Jacob und Ela starteten ebenfalls von Porto aus. Im Gegensatz zu uns hatten sie noch kein Rückfahrticket gelöst. Sie bevorzugten im »Jetzt« zu leben und wollten sich in keine Zeitschablone pressen lassen. Je nach Attraktivität der Städte entschieden sie situativ, ob eine Pilgeretappe ein oder zwei Tage dauern sollte. Herbergen kamen für die beiden altersbedingt nicht in Frage. Dabei hätte Jacob die Schnarcher in den Schlafsälen gut ertragen können. Ein vererbter Hörfehler bereitete ihm schon seit seiner Kindheit Probleme und zwang ihn, schon ganz früh ein Hörgerät zu tragen. Jacob und Ela waren den Camino Francés im Vorjahr gelaufen. Der Weg hatte sie begeistert, von seinem Zauber wurden sie wie von den Armen einer Riesenkrake erfasst und gefesselt. Wir tauschten unsere Reiseerfahrungen intensiv aus. Dabei wurde ich um eine interessante Wissensperle reicher. Dass seinerzeit nur der kopflose Körper des Apostels Jakobus von seinen Brüdern mit dem Schiff nach Padrón befördert wurde, war mir bisher nicht bekannt. Das Haupt soll in der Jakobuskathedrale in Jerusalem beigesetzt worden sein. Jacob und ich entwickelten eine überragende Chemie zueinander.

Gudrun und Anja aus Augsburg ergänzten in besonderer Weise die illustre Miniaturgesellschaft in der Casa Fernanda. »Hast du Lust, mich auf dem Portugiesischen Jakobsweg zu begleiten?« Mit dieser Frage überraschte die 43-jährige Anja ihre 75-jährige Mutter aus einer Laune heraus. Und die Hobbymusikerin willigte unvermittelt ein. Gudrun wirkte für ihr Alter bemerkenswert fit und rüstig. Sie meisterte bislang alle Etappen bravourös und der 8-Kilo-Rucksack bereitete der lauflustigen Frau keine Probleme.

Das Abendessen in der großen Wohnküche war eine Wucht! Fernanda fuhr im wahrsten Sinne des Wortes ein Galadinner für die 13 Pilger, in der Mehrzahl Deutsche, auf. Die schmackhafte Bohnensuppe mit Kräutern aus dem eigenen Garten sollte nur der Anfang sein. Andrea schnalzte mit der Zunge, als Fernanda naturgebratene Hähnchenschnitzel, einige Salatschüsseln und gegrillte Kartoffelhälften auftischte. Für eine gute Abstimmung der Getränkelage sorgten Vino tinto und Vino blanco. Wem das noch nicht genügte, der bekam von Jacinto noch das ein oder andere Schnäpschen gereicht. Oder verpasst! Na ja, alles geschah freiwillig.

Jacinto hatte auf einmal eine Gitarre in der Hand. Für mich das Zeichen zur musikalischen Attacke. »Time to make music«, grinste ich ihn an und grabschte nach dem Instrument. Meine selbst komponierten Camino-Lieder kamen gut an. Beifall allenthalben! Fernandas Augen funkelten. Man merkte, sie wollte mehr. Ein anderer Deutscher aus der Jazzszene übernahm die Gitarre. Seemannslieder standen jetzt auf dem Programm. Fernanda, Jacinto, Ela und Jacob hielt es nicht mehr auf ihren Plätzen. Sie schwangen sich anfangs diszipliniert, später weniger diszipliniert über den Küchenboden. Jacob und Ela gaben die Fläche später freiwillig auf und überließen Fernanda und Jacinto das Terrain. Die beiden drehten jetzt richtig auf. Sie sangen lautstark uns unbekannte portugiesische Lieder, klatschten in die Hände, drehten sich blitzschnell auseinander, um vereint die nächsten Tanzschritte einzuleiten. Man merkte, unsere Gastgeber waren ein perfekt eingetanztes Paar. Fernanda besaß typisch südländisches Temperament und dominierte ihren Partner. Dabei hatte man nie das Gefühl, dass sie bewusst diese Rolle spielte. Es war ihrer Natürlichkeit, ihrer ungeschminkten Authentizität geschuldet, dass ihre Überlegenheit kaum auffiel.

Die reizende Tochter Mariana beobachtete mit Argusaugen die Aktivitäten ihrer Eltern und träumte womöglich von ähnlich grazilen Tanzauftritten mit einem Traummann an ihrer Seite.....

Um 23 Uhr endete die unvergessliche Party. Dieser Tag, ohnehin ein Sonntag, wurde zu einem einzigartigen Sonntagnachmittag.

Fernanda und Jacinto in ihrem Element

6
Laternenmusik
Vitorino de Piães – Ponte de Lima, 15 Km am 28. April

Trübe und regnerisch begann der Tag. So richtiges Schmuddelwetter! Das Morgengold-Frühstück brachte eine Menge Licht in den grauen Tagesanbruch. Frisches Brot, Käse, Wurst, Marmelade, Kuchen, dazu ein kräftiger Kaffee, die gedeckte Tafel ließ keine Wünsche offen.

Fernanda war in Aufbruchsstimmung. Sie besaß noch einen Halbtagsjob bei der Post und musste um 8.30 Uhr anfangen. Wir verabschiedeten uns ganz herzlich von ihr und Jacinto mit einem hoch anständigen Donativo.

Wir schulterten unsere Rucksäcke und brachen auf. Schon bald holten wir Jacob und Ela, die gemächlich vor uns her trotteten, ein. Mit den Worten »Did you enjoy the night«, begrüßte ich die beiden. »Yes we did«, antwortete Jacob locker. Der einsetzende leichte Nieselregen konnte seine Stimmung nicht im Entferntesten trüben. Jacob spannte seinen Regenschirm auf. »Wow, you have an interesting umbrella«, bemerkte ich verwundert. »Yes, of course, on the one hand it's an umbrella and on the other hand a stick. I've built it by myself." Man merkte, Jacob war nicht nur von Hause aus Ingenieur, sondern auch mit Leib und Seele Tüftler. Um dem Regen und den Unwägbarkeiten der Strecke in individueller, ihm geeigneter Form zu begegnen, baute er sich einen eigenen Walking-Umbrella. Den normalen Knauf hatte er gegen den abgesägten Handknauf eines Gehstockes ausgetauscht und die Spitze mit einem Gummipuffer versehen. Fertig! Die Eigenkonstruktion wirkte sehr fachmännisch. In Doppelfunktion fungierte der Regenschirm sowohl als Regenschutz als auch Gehstütze. Wer auf Regenkleidung und Wanderstock verzichten möchte, findet mit dieser Variante eine gute Lösung. Wir nutzten die Gelegenheit und machten noch gegenseitige Fotos. Da wir läuferisch eine unterschiedliche Taktung hatten, verabschiedeten wir uns voneinander. »See you in Ponte de Lima«, rief ich Jacob und Ela zu, »see you in Haifa«, erwiderte Jacob.

Andrea, Jacob und Ela

Die Landschaft war mal wieder hinreißend schön. Wilde Gräser, hunderte von aufblühenden Callas, eine buntgetupfte Blumenwiese gab alles und präsentierte uns ihr ganzes Farbenspektrum. Sich anschließende, bizarr wachsende Eukalyptusbäume konkurrierten mit ihr um die Gunst unserer Blicke. Die verschleiernde Feuchte des Nieselregens und die von den Bäumen herabhängenden Rindenfetzen verliehen dem Wegabschnitt ein gespenstisches Aussehen.

Wir passierten ein einsam gelegenes Anwesen. Im Mauerwerk waren lange Ruten, die hoch in den Weg hineinragten, verankert. An den Ruten wurden, an Bindfäden hängend, Jakobsmuscheln als »Köder« befestigt. Merkwürdig. Sehr merkwürdig! Man konnte im ersten Moment den Eindruck gewinnen, es würde sich um eine

Brutstätte für dubiose Angelruten handeln. Waren hier Menschenfischer auf Pilgerfang! Hatten schon erste »Opfer« angebissen? Keine Menschenseele war in Sicht. Bei aller Fantasie, die spalierartigen Ruten waren wohl nichts anderes als ein symbolischer Gruß des Eigentümers an die vorbeiziehenden Pilger.

Ponte de Lima rückte näher. Die Kleinstadt, eine der ältesten Städte Portugals, empfing uns mit einer 400 Meter langen Fußgängerallee aus alten Platanen. Gewölbeartig schirmten uns die mächtigen Baumkronen von dem inzwischen blauen Himmel ab. Aus luftiger Höhe drang versteckt dezente Musik. Woher kam sie? Pfiffige Stadtplaner machten sich wohl Gedanken über die üppigen Hohlkörper in den alten doppelköpfigen Straßenlaternen und nutzten sie, mit Lautsprechern versehen, als Klangkörper. So verbreiten die kunstvollen Laternen nicht nur Licht, sondern verwandeln sowohl die Uferbereiche entlang des Flusses als auch die fast 300 Meter lange Brücke in einen naturbelassenen Konzertsaal.

Mittelalterliche Brücke über den Rio Lima

Die vielen Holzbänke im Platanengewölbe verleiten nicht nur zu einer schöpferischen Pause, sondern gestatten auch einen einzigartigen Blick auf die mittelalterliche, wunderschöne Brücke. Hier muss man einfach innehalten. Ein Blick in die Weite reinigt die Sinne und den Geist. Durch die Klänge aus den Laternenlautsprechern wird die innere Stimmung zusätzlich beeinflusst. Eine ideale Stelle um Endorphine freizusetzen. Fast eine halbe Stunde saßen Andrea und ich gedankenversunken auf einer roten Parkbank, ehe wir uns zum Weitergehen entschlossen.

Es war frühe Mittagszeit. Wir wollten in der kommunalen Pilgerherberge übernachten, die leider erst um 16 Uhr ihre Tore öffnete. Bis dahin hatten wir noch eine Menge Zeit. Das weitläufige Grasufer des Río Lima reizte zum Verweilen. Wir entschlossen uns, ein ausgiebiges Sonnenbad einzulegen und wollten die bisweilen nicht so üppig aufgetretenen Sonnenstrahlen in Körper und Geist eindringen lassen. Zur Vollkommenheit unseres Planes fehlten nur die entsprechenden Nahrungsmittel. Während Andrea das auserkorene Plätzchen am Westufer sicherte, machte ich mich auf den Weg zur Altstadt. Mit einer großen, randvoll gefüllten Tüte kehrte ich zurück. Baguette, Ziegenkäse, Obst, Kuchen, Wasser, eine Flasche Vino blanco, es sollte an nichts mangeln. In rustikaler Manier verspeisten wir unsere Fressalien und flegelten uns stundenlang gemütlich im Gras. Ein Sonnenbrand im Nacken war die Folge. Kurz nach 16 Uhr gingen wir zur Herberge, die etwa 100 Meter hinter der Brücke lag.

Die beiden jungen Hospitaleras empfingen uns freundlich. Eine führte uns zu einem großen Schlafsaal mit 20 Einzelbetten. Kopfkissen und Decken fehlten. Die nackten kunststoffbezogenen Matrazen waren im ersten Augenblick ernüchternd. Hier triumphierte die Anspruchslosigkeit. Aber das wussten wir schon vorher. Andrea hatte sich in weiser Voraussicht zu Hause ein komfortables, aufblasbares Kopfkissen besorgt, wohingegen ich mich, in sparsamer Absicht, auf ein Teil aus einem 1-Euro-Shop verlassen wollte. Die Quittung sollte ich noch bekommen. Die ansonsten gepflegte Herberge besitzt noch zwei weitere Schlafsäle mit jeweils 20 Betten und bietet neben guten sanitären Anlagen eine großzügige

Küche zur kostenlosen Benutzung an. Der schöne Garten wird von einer in den Himmel ragenden, über 100 Jahre alten Palme dominiert. Auf der großen Dachterrasse lässt es sich mit einem Blick auf Brücke und Altstadt wunderbar entspannen.

Frisch geduscht machten wir uns auf den Weg zur denkmalgeschützten Altstadt. Am geschichtsträchtigen Turm da Cadeia vorbei, suchten wir zunächst nach einem Geldautomaten. In einer Seitenstraße fanden wir eines dieser geldspeienden Geräte. Ich steckte die Karte rein, gab meine Geheimnummer und den Betrag 200 Euro (mehr gab es nicht) ein und drückte die Bestätigungstaste. Ich wartete. Eine Minute. Es passierte nichts. Ich wurde so langsam unruhig. Plötzlich erschien in Englisch ein Hinweis, der so viel wie »Der Vorgang kann nicht weiter bearbeitet werden« bedeutete. Kurze Zeit später erhielt ich meine Karte zurück. Kein Bargeld! Ich war irritiert und beunruhigt zugleich. Wie kann ein laufender Bearbeitungsvorgang nach Akzeptanz der Geheimnummer abgebrochen werden? Später, zu Hause, nach Durchsicht meiner Kontoauszüge, stellte ich fest, dass der Betrag von meinem Konto abgebucht, einige Tage danach aber wieder gutgeschrieben wurde. Gut, dass ich nicht zu Hause war, ich hätte bestimmt Alarm geschlagen. Es bleibt ein übler Beigeschmack.

Unabhängig von diesem unschönen Ereignis begaben wir uns auf die Suche nach einem Restaurant. Irgendwie waren wir heute besonders kritisch, es sollte gut, preiswert und schön gelegen sein. Eine hohe Hürde. Schließlich landeten wir in einem Restaurant direkt hinter dem Turm da Cadeia. Ein Kompromiss, ruhig gelegen, aber das Menü mit Vorsuppe, Lachs, Salat und Pommes war höchst durchschnittlich. Na ja, vielleicht waren unsere Erwartungen auch zu hoch. Hauptsache satt!

Wir schlenderten noch durch die verwinkelten Altstadtgassen. Wo mögen wohl Jacob und Ela sein, kam mir in den Sinn. Ich erinnerte mich, noch am Anfang der Etappe rief ich Jacob »See you in Ponte de Lima« hinterher. Manchmal sagt man solche Sprüche. Leichtfertig, einfach aus der Situation heraus. Doch ich meinte es durchaus ernst. Wir liefen zum Marktplatz kurz vor der Brücke. Die tiefstehende Sonne verleitete zu mehreren Fotos. Der Mann mit Hut! Das war doch Jacob und keine Fata Morgana! Aus einer Distanz von 30 Metern entdeckte ich ihn links neben der Brücke stehend. Er wartete auf Ela, die im Uferbereich fotografierte und sich kurze Zeit später zu uns gesellte. Hatte der Apostel Jakobus mal wieder seine unsichtbaren Finger im Spiel? Oder war es nur ein kurioser Zufall? Nein! Seit meiner Wanderung auf dem Camino Francés im Jahre 2011 glaube ich nicht mehr an Zufälle. Für mich war es Steuerung »von oben«.

Wir freuten uns über unser Wiedersehen. Die beiden hatten sich in einem kleinen Hotel direkt gegenüber der Herberge einquartiert und wollten auch den nächsten Tag in der Stadt verweilen. Gemächlich gingen wir einträchtig über die historische Brücke zum anderen Ufer. Wir verabschiedeten uns herzlich voneinander und versprachen nochmals, uns in Haifa wiederzusehen.

Jacob und Ela verschwanden in ihrem Hotel und wir stiegen die Treppen zu unserem Schlafsaal im Dachgeschoss hinauf. Der Raum war inzwischen voll belegt. Auch der gegenüberliegende Schlafsaal war zur Hälfte gefüllt. 21.30 Uhr, es dämmerte. Die Pilger lagen entweder schlafend, sinnierend oder auf ihre Handys starrend in ihren Betten. Das Licht war ausgeschaltet. Wie aus dem Nichts regte sich ein deutscher Pilger über die Dunkelheit auf und betätigte verärgert den Lichtschalter. Daraufhin sprang ein Portugiese laut schimpfend von seiner Pritsche und schaltete das Licht wieder aus. Sogleich wollte der Deutsche das Licht wieder anschalten. Streit lag in der Luft. Ich fühlte mich gefordert und rief ihm lautstark zu: »Bitte respektiere die mehrheitliche Meinung und lass‘ das Licht aus.« Unwillig und meckernd verzichtete er letztendlich auf die Fortsetzung des Konflikts. Da ich ohnehin noch nicht schlafen wollte, begab ich mich zur Dachterrasse, setzte mich in einen Stuhl und schaute auf die inzwischen hell erleuchtete Altstadtkulisse. Ein grandioser Ausblick und ein schöner Tagesabschluss.

Ich schlich wieder in den Schlafraum. Es war ruhig. Aber nur für kurze Zeit. Der erste Schnarcher hinten links machte auf sich aufmerksam. Einige Zeit später meinte ein weiterer Schnarchsack aus der hinteren rechten Ecke eingreifen zu müssen. Jetzt waren es schon Zwei. Und es dauerte nicht lange, da waren es Drei. Aus der Ecke vorne links drangen metallische Schnarchtöne herüber. Ich wälzte mich von der einen zur anderen Seite. Immer tiefer stopfte ich die Ohropax in meine Gehörgänge.

Es war kurz vor Mitternacht. Mein stinkendes 1-Euro-Kopfkissen hatte ich inzwischen für alle Zeiten verbannt und ersatzweise meinen mit Kleidungsstücken gefüllten Stoffbeutel als Kopf-Unterlage geformt. Der nächste Hardcoreschnarcher direkt neben mir mischte nun den inzwischen unerträglichen Geräuschcocktail neu auf. Ich fühlte mich umzingelt. Es reichte! Ich packte mein Bettzeug und zog, in der Hoffnung auf ungetrübte Ruhe, in den Schlafraum nebenan ein. Das erstbeste freie Bett sollte mir endlich Schlaf spendieren. Wieder ein Griff in die Vollen! Eine in direkter Nähe liegende Pilgerin war nach einer angemessenen »Arbeitspause« damit beschäftigt, einen ganzen Eukalyptuswald abzusägen. In so einer Situation fängt man an zu zweifeln. Warum immer ich, fragt man sich? Man fängt auf einmal an, im Grunde genommen liebenswerte Menschen zu hassen, sie im Geiste zu würgen, ihnen alles Schlechte zu wünschen, sie zu verdammen. Warum hatte ich nicht den Mut, sie zu wecken oder sie mit Hilfe von Leidensgenossen einfach rauszutragen? Klar, es wäre unangenehm. Vielleicht bin ich auch eine Spur zu feige dazu. Das nächste Mal, so bildete ich mir ein, würde ich, in welcher Form auch immer, reagieren!

Dabei könnte alles so einfach sein. Warum könnten infrage kommende Herbergen nicht spezielle Schnarcherräume zur Verfügung stellen und die Pilger bei der Bettvergabe darauf hinweisen? Auf diese Weise wären Schnarcher unter sich und den vielen, schlafsensiblen Pilgern würde die Möglichkeit gegeben, nachts die erforderliche Ruhe zu finden. Machbar, sofern Schnarcher wissen, dass sie Schnarcher sind und couragiert genug wären, sich zu outen.

Aber die Gesamtthematik dürfte problematisch bleiben und nur mit viel gutem Willen, Einsicht und Verständnis zu lösen sein. Wie edel ist doch das rücksichtsvolle Verhalten einer Pilgerin, die wir unterwegs kennenlernten, zu werten, die im Bewusstsein auf ihr lautes Schnarchen keinem Pilger ihre Geräusche zumuten wollte und deshalb grundsätzlich auf Pilgerherbergen verzichtete.

7

Dieser Weg wird kein leichter sein
Ponte de Lima – Rubiães, 17 km am 29. April

Andrea hatte das virtuose Schnarchkonzert im Herzen des »Sägewerks« ohne ernsthaften Gehörschaden überstanden. Sie moserte zwar über eine unruhige Nacht, konnte aber erstaunlicherweise einige Stunden schlafen. Meine Abwesenheit registrierte sie erst in den frühen Morgenstunden und ahnte schon, dass ich eine andere Lösung bevorzugt hatte.

Um 7 Uhr zogen wir los. Meine dicken Augen waren unübersehbar. Ich fühlte mich wie gerädert. Positives Denken und ein starker Wille waren jetzt dringend erforderlich, denn die mit Abstand anstrengendste Etappe erwartete uns. Passt doch gut, wenn der gewaltige, 400 Höhenmeter umfassende Aufstieg zum Portela Grande für körperliche Ertüchtigung sorgen sollte. Herausforderungen im schlappen Zustand waren schon immer mein Ding! Womöglich musste ich mich wegen der nächtlichen üblen Gedanken gegenüber der Schnarchergilde als Buße nun auch noch selbst kasteien.

Kurz hinter Ponte de Lima: Weg oder Bach?

Gleich nachdem wir den Ort verlassen hatten, begann ein längerer Wasser-Schlammparcours vom Allergemeinsten. Als Weg konnte man die Morast-Zone wirklich nicht bezeichnen. »Köpfchen« und nicht munteres Draufloslaufen waren jetzt gefragt. In Ermangelung von Gummistiefeln entschieden wir uns für die Variante »Felder und Wiesen«.

Parallel zur Wasserstraße verliefen Äcker und Grasnarben, die weniger Nässe versprachen. Vorsichtig, fast wie ein Storch staksend, konnten wir so den kritischen Bereich umgehen.

Im kleinen Nest Arcozelo gönnten wir uns in einer Bar ein prima Frühstück. Reichlich Kaffee und Orangensaft wirkten wie ein gut dosiertes Aufputschmittel für den bald folgenden Aufstieg.

Makabres Wegzeichen im Wald: Für ein Tier endete an dieser Stelle der Weg

»Dieser Weg wird kein leichter sein, dieser Weg wird steinig und schwer.« Was Xavier Naidoo so bedenkenswert in seinem Lied besingt, traf voll zu. Erste kleine Anstiege waren zarte Vorboten auf das, was noch kommen würde. Eine alpine Marterstrecke gefällig? Nein? Dann nehme man für diese Etappe besser den Autobus. Ja? Dann die Beine motivieren, das Schweißtaschentuch rausholen, sich immer wieder gut zureden und hoffen, dass die Kraft reicht. Gnadenlos geht es über fast 2 Kilometer auf felsigem Untergrund ununterbrochen steil bergauf.

Wir gingen den Weg so gut es ging, doch im Moment wurden wir eher vom Weg gegangen. Es war wahrlich ein »Kreuz« mit dem schweren Rucksack ständig aufwärts laufen zu müssen. Als Entschädigung folgte bald eine besondere Stelle mit einem anderen Kreuz, das sogenannte Cruz dos Franceses. Napoleons Truppen gerieten hier während der Besetzung der iberischen Halbinsel in einen verlustreichen Hinterhalt. Ähnlich wie am Cruz de Ferro (Camino Francés) legen hier Pilger ihre Sorgensteine ab. Das Steinkreuz erreicht aber bei Weitem nicht die Ausstrahlung und den Stellenwert des Eisenkreuzes am Monte Irago.

Ein Radpilger aus Porto machte den Unterschied aus. Mit seinem bepackten Mountainbike erreichte er keuchend kurz nach uns die Anhöhe. Wir kamen ins Gespräch. Er war seit zwei Tagen unterwegs, hatte seitdem rund 80 Kilometer zurückgelegt und wollte am nächsten Tag abends Santiago erreichen. Er führte ein Buch des weltbekannten brasilianischen Schriftstellers Paulo Coelho mit sich und meinte, er wäre derzeit irgendwo auf dem Caminho Português unterwegs. Unglaublich, der Mann, der mit seinem Herzen sehen konnte, sollte auf dem Jakobsweg unterwegs sein? Dieser Hinweis machte Andrea und mich mehr als neugierig!

Das Cruz dos Franceses

Es ging weiter, immer weiter und ständig steil hinauf. Andrea hatte Pudding in den Beinen, war auf ihrer »allerletzten Rille«. Immer wieder mussten wir Pausen einlegen. Von den Qualen gezeichnet, bot ich ihr an, ihren Rucksack zu übernehmen. Aber sie lehnte ab. Der Weg hatte ihren Stolz nicht gebeugt. So kämpferisch hatte ich meine Frau während unserer langen gemeinsamen Zeit noch nie erlebt. Innerlich zückte ich »meinen Hut« vor ihrer Leistung.

Endlich erreichten wir den Zenit der heutigen Etappe, die Anhöhe Portela Grande. Eine wohlverdiente Rast verschaffte uns neue Kraft. In der Nähe waren an zahlreichen rindenverletzten Kiefern Plastikbeutel befestigt, die mit einer gelblichen Flüssigkeit gefüllt waren. Ein Vergleich mit Urinbeuteln ist sicher nicht abwegig. Bei näherer Betrachtung handelte es sich wohl um eine Abtropfvorrichtung für Kiefernharz. Die Bäume wurden ihres Lebenssaftes beraubt, quasi »gemolken«. Die Flüssigkeit entpuppte sich als Gemisch aus Regenwasser und Baumharz, wobei der Baumharzanteil offensichtlich gering war. Warum die Plastikbeutel keine Ablauf-Löcher für das Regenwasser enthielten, bleibt ein Rätsel.

Von nun an ging's bergab. Aber gelegentlich auch wieder bergauf. Kinderwagentauglich war der Weg nicht. Immer wieder schoben sich giftig ansteigende Passagen ein. Es kam uns so vor, als würde er seinen Spaß daran haben mit uns zu spielen. Erschöpft erreichten wir gegen 14 Uhr endlich den Randbereich von Rubiães.

Die Herberge wäre heute eine Option, wenngleich nicht unbedingt bevorzugt, gewesen. Aber Kollege Zufall war heute wieder mit von der Partie. Kurz vor der Herberge passierten wir das wunderschöne Anwesen Quinta das Leiras. Der blau leuchtende Swimmingpool weckte Begehrlichkeiten. Wir klingelten an der Pforte. Fragen kann man ja mal! Die nette, Englisch sprechende Hauswirtin Anna kam uns entgegen und zeigte uns zwei verschiedene Zimmer. Nicht unbedingt preiswert, dafür aber gut. Und Frühstück inklusive. Wir zögerten einen Moment, entschieden uns dann für ein schönes Zimmer mit zwei Himmelbetten im angrenzenden, freistehenden Bungalow am Pool. Leider konnten wir die Liegestühle nicht nutzen, leichter Regen setzte ein und verdarb uns die geplante Entspannung draußen. Anna tröstete uns mit einer Kanne schwarzen Tee, Knäckebrot und Marmelade. Entspannen kann man notfalls auch im weißen Himmelbett.

Um 18.30 Uhr holte uns ein Auto, ein besonderer Service des Restaurants Constantino, ab. Nach kurzer Fahrzeit erreichten wir das Restaurant. Gleich nach Betreten des Gastraumes fiel mir der riesige an der Wand montierte Flachbild-Fernseher auf. Einen Hintergedanken hatte ich bei der Auswahl unseres Tisches schon: Ich wollte einen ungetrübten Blick auf den Fernseher werfen. Das heute Abend stattfindende Champions-League-Rückspiel zwischen Bayern München und Real Madrid war ein Muss für mich.

Das reichhaltige Menüangebot machte die Wahl nicht leicht. Schließlich entschieden wir uns für eine Portion Seehecht mit Beilagen. Gudrun und ihre Tochter Anja, die wir aus der Casa Fernanda kannten, standen urplötzlich in der Tür. Wir winkten ihnen zu und boten ihnen Plätze an unserem Tisch an. Das Restauranttaxi hatte die beiden von einem Hotel abgeholt. Anja erzählte uns wie ihre Mutter die schwere Etappe mit nur wenigen Pausen meisterte. Während der steile Aufstieg ihr mächtig zu schaffen machte, bereitete er der zierlichen Frau kaum Probleme. Chapeau!

Fraglos war es so wie bei meinen letzten Wanderungen auf den Jakobswegen, man trifft immer wieder auf großartige Menschen. Die Begegnung mit ihnen macht letztendlich den Weg aus.

Das Spiel hatte begonnen. Immer wieder blinzelte ich zur Mattscheibe. Schon nach wenigen Minuten führte Real 1:0. Die gerade gelöffelte Suppe schmeckte auf einmal nicht mehr ganz so gut. Ein kräftiger Schluck Wein sollte meinen gemäßigten Kummer runterspülen. Der Fisch kam. Ich nahm den ersten Bissen. Plötzlich 2:0 für Real! Ich konnte es nicht fassen, war im Begriff eine dicke Gräte ärgerlich auf den Teller zu spucken. Was war mit den Bayern los? Real spielte Katz und Maus mit seinem Gegner! Ich beschloss wieder dem Gespräch mehr Aufmerksamkeit zu widmen. Trotzdem stand es vor der Pause 3:0 für Real. Genug der Demütigung. Nach einem abschließenden Espresso ging es mit dem Auto wieder zurück. In Annas komfortablem Wohnzimmer konnten wir das bedeutungslose Spiel weiterverfolgen. Noch ein kurzer Plausch und wir verzogen uns müde in unsere Himmelbetten.

8
War er es? Oder war er es nicht?
Rubiães – Tui, 20 km am 30. April

In Himmelbetten schläft man himmlisch und verbringt himmlische Nächte. Stimmt das? Ja, da ist was Wahres dran. Der fiktive Himmel vermittelt eine besondere Atmosphäre, ein Gefühl von Geborgenheit, von Schutz, von Sicherheit und schafft ein kleines eigenes Königreich für die Nacht. Auf eine positive Art wird man aus seinem Dasein in den Schlaf getragen und nach einigen Stunden wieder abgeholt. Abgeholt in die reale Caminho-Welt! Spätestens, wenn die inzwischen stramm geformten Beine wieder auf festen Boden gestellt werden, ist der Traum zu Ende.

Anna servierte uns in ihrem Wohnzimmer ein himmlisches Frühstück, so mit allem Drum und Dran. Vom perfekten Kaffee über Wurst, Käse, Marmelade, Orangensaft bis hin zu frischen Melonenstücken, die gedeckte Tafel ließ keine Wünsche offen.

Wir verabschiedeten uns herzlich von ihr und ihrem kleinen Terrierhund. Ein wenig waren wir traurig, dass wir jetzt die Komfortzone verlassen mussten.

Schon nach wenigen Metern erreichten wir eine idyllisch gelegene alte Römerbrücke, die sich über einen kleinen Fluss spannte. Einige Schritte weiter lernten wir zwei deutsche Pilgerinnen, Ursula aus Koblenz und Moni aus Trier, kennen. Gemeinsam gingen wir bis zum Örtchen S. Bento da Porta Aberta.

Dort kehrten wir in eine Bar ein. »Ach, da hinten ist ja das brasilianische Ehepaar«, meinte Moni, als wir den Kaffee an der Theke entgegennahmen. Brasilianisches Ehepaar? Nachtigall, ich hör dir trapsen. Mir klingelten die Ohren. »Kennst Du die?«, fragte ich neugierig. »Ja, wir sind uns gestern kurz begegnet«, meinte sie lapidar. Ich erzählte ihr von unserer Begegnung mit dem Mountainbike-Fahrer am Cruz dos Franceses und dessen Vermutung, dass Paulo Coelho, der weltberühmte Schriftsteller, auf dem Caminho unterwegs sein könnte. Wir inspizierten unauffällig das Gesicht des Brasilianers. Moni blickte zu Ursula. »Was meinst Du?«, schaute dabei in Richtung des Brasilianers mit Schlapphut und flüsterte: »Ist das Paulo Coelho?« »Ich weiß nicht, ich glaube nicht«, sagte Ursula schulterzuckend. Mit dieser Aussage kamen wir kein Stück weiter. Auch Moni und Ursula wurden jetzt zunehmend neugieriger. Also, wer war der Unbekannte? Das Geheimnis verlangte danach gelüftet zu werden.

Das ältere brasilianische Pilgerpaar brach auf. Wir unterhielten uns noch einige Minuten und machten uns ebenfalls auf den Weg. Der Name Paulo Coelho ging mir nicht mehr aus dem Sinn.

Der »Verdächtige« lief einige hundert Meter vor uns her. An einem schönen, von einem Bach durchflossenen Bereich, tauchte er dann wie auf einem Präsentierteller auf. Er versuchte gerade seine Frau in Position zu bringen, um sie zu fotografieren. Das war meine Chance! »Can I help you, shall I take a picture from you?«, fragte ich ihn, als Andrea und ich zu ihm aufschlossen. »Yes, of course, I would like it, thank you«, antwortete er höflich. Ups, erste Hürde geschafft! Er übergab mir seinen Fotoapparat. Dann nahm er seine Frau in den Arm und ich drückte ab. Zweimal. Zur Sicherheit! »Where do you come from?«, fragte er mich interessiert. Wow, er zeigte Interesse an uns! Ich klopfte mir innerlich auf die Schulter, ließ mir aber nichts anmerken. »We are from Germany«, antwortete ich, ihn dabei streng beobachtend in die Augen zu schauen. »Germany? Dann können wir ja Deutsch sprechen«, meinte er. Wir waren ein wenig irritiert. Spricht Paulo Coelho etwa Deutsch! Andrea gab mir kein Zeichen. Sie hatte im Gegensatz zu mir schon mehrere Bücher vom berühmten Schriftsteller gelesen.

Der Brasilianer erzählte uns, dass seine Eltern ursprünglich aus Köln stammen würden und insbesondere sein Vater in seiner Kindheit oft Deutsch mit ihm gesprochen hätte. »Hat er Ihnen auch das Schreiben beigebracht?«, fragte ich ihn spontan. »Ja, ich kann auch in Deutsch schreiben«, meinte er vieldeutig. Im Moment fiel mir nichts Besseres ein, als die finale, alles entscheidende Frage zu stellen? »Kann es sein, dass Sie gelegentlich auch Bücher schreiben«, fragte ich ihn, dabei sehr genau auf seine Mimik achtend.

Kein Augenzucken, kein Anflug von Verlegenheit. »Nein!« war die klare Antwort. Also doch nicht Paulo Coelho! Oder doch! Verstellte er sich nur, um nicht erkannt zu werden?

Die Schauspielerin Shirley MacLaine bewanderte 1994 den Spanischen Jakobsweg. In ihrem Buch *»Der Jakobsweg«* beschreibt sie eindrucksvoll wie sie erkannt wurde und ihr ganze Scharen von Paparazzi regelmäßig auflauerten, um irgendwo ein Foto von ihr zu erhaschen. Der Jakobsweg wurde für sie auf vielen Etappen zum Spießrutenlauf. Immer wieder musste sie sich mit ihren Helfern neue taktische Varianten überlegen um der Meute zu entkommen.

So kann ein Promi-Bonus in manchen Situationen zum klebrigen Malus werden. Auch ein echter Paulo Coelho hätte sich seiner Promi-Problematik stellen müssen. »Unser« Brasilianer, das haben wir zu Hause anhand von Bildvergleichen rekonstruiert, war ein ganz normaler Pilger und kein Promi. Gedanken, erkannt zu werden, brauchte er sich nicht zu machen.

Wir verabschiedeten uns von den beiden und wanderten weiter. An einer kleinen Kapelle mit Palmengarten trafen wir Gudrun und Anja wieder. Sie saßen auf einer Holzbank und picknickten. Wir rückten zu ihnen und legten ebenfalls eine kleine Rast ein.

Schöne Abschnitte mit ginsterumsäumten Hohlwegen und größeren Waldabschnitten folgten.

Mein kleiner Freund Jaco

In dem Örtchen Arão empfing mich, freudig bellend, ein kleiner Hund. Ich taufte ihn spontan »Jaco«. Unverkennbar verlangte er nach Streicheleinheiten. Dabei hatte er meine Hand als Spielinstrument ausgemacht. Bereitwillig stellte ich sie zur Verfügung, legte sie mit dem notwendigen Respekt, erst vorsichtig, dann weniger vorsichtig, in seine geöffnete Schnauze, streichelte und tätschelte ihn. Andrea beobachtete mit Misstrauen mein Zutrauen.

Wir liefen weiter. Jaco blieb mit traurigen Augen zurück. Er musste sich nun einen anderen hundeliebhabenden Pilger suchen.

Dutzende mit bunten Trikots bekleidete Radfahrer, die unsere Wanderung behinderten und die Ruhe nachhaltig störten, waren heute mit ihren Mountain-Bikes unterwegs. Offensichtlich hatte der nahende Feiertag viele einheimische Radsportler dazu animiert, ihre Freizeit für einen mehrtägigen Ausflug zu nutzen und sich sportlich auf dem Caminho auszutoben.

Gegen 15 Uhr erreichten wir den Stadtkern von Valença. Der hinter einer historischen Festungsmauer umschlossenen Altstadt galt unser besonderes Interesse. Von den begehbaren Mauern erhält man einen prächtigen Blick auf den Grenzfluss Miño und die Internationale Brücke bis hin in die benachbarte spanische Stadt Tui. In den zahlreichen Läden, die sich rund um den zentralen Platz der Republik und in den verwinkelten Gassen angesiedelt haben, werden hauptsächlich Lederwaren und Textilien verkauft.

Rechts Portugal, links Spanien. Blick von der Festungsanlage auf die Internationale Brücke und Tui

Andrea verliebte sich in eine lilafarbene Decke. Sie wurde förmlich von der zartesten Versuchung, seit es Decken gibt, umgarnt. Ich merkte es ihrem Blick an, die Kuscheldecke hatte es ihr angetan. Ein unsichtbarer Schmetterling machte sich auf den Weg zu mir. »Wer trägt mich?«, flüsterte er. »Ich, lieber Schmetterling«, antwortete ich kleinlaut, mir des Zuwachses meines Rucksacks bewusst werdend. An unserem Hochzeitstag »nein« zu sagen, ging gar nicht. Wir kauften das Teil. Andrea freute sich. Eine Kuscheldecke für kalte Nächte, die hatte nicht jeder. Mein Rucksack füllte sich nun bis an seine Kapazitätsgrenze und meine Beine mussten fortan mit einem Kilogramm Mehrgewicht zurechtkommen.

Wir verließen die Festungsanlage über das nördliche Tor, gingen hinab zur Internationalen Brücke und standen gleichzeitig am Grenzübergang nach Spanien. Die Brücke, mit ihrer beachtlichen Länge von 350 Metern, wurde im Jahre 1886 gebaut und gilt im Hinblick auf die zurückliegenden kriegerischen Auseinandersetzungen beider Völker heutzutage als Symbol des friedlichen Zusammenlebens.

Nach Verlassen der Brücke betraten wir spanisches Gebiet. Der Vorortbereich von Tui hinterließ eher einen dekadenten Eindruck. Den hier wohnenden Leuten konnte es nicht gut gehen.

Die Zeit war gut vorangeschritten. Wir mussten uns sputen, denn im Vergleich zu Portugal werden die Uhren in Spanien eine Stunde vor gestellt. Die auf einem Bergkegel thronende Altstadt war unser Ziel. An der höchsten Stelle befindet sich die Kathedrale Santa Maria. Sie ist das repräsentativste Denkmal der Stadt und überzeugt mit romanischen und gotischen Elementen. An ihr vorbei und durch den Tunnel des Klarissenklosters führte der Weg zur Herberge El Camino, der Endstation unserer heutigen Etappe.

Die Hospitalera sprach kein Wort Englisch. Wie so oft in den Herbergen! Leider! Dabei ist der Caminho ein von der internationalen Welt besuchter Wanderweg. Wir erhielten zwei schöne bereits mit Bettlaken und Bettzeug bezogene Etagenbetten in einem 6-Bett-Zimmer.

Unser Proviantpolster war weitgehend aufgebraucht. Im Hinblick auf den für morgen eingeplanten längeren Etappenabschnitt mit nur wenigen Einkaufsmöglichkeiten wollten wir kein Risiko eingehen und für Nachschub sorgen. Ein älterer Berliner aus der Herberge zeigte uns den Weg zum Supermarkt. Obst, Käse, Brot, Mineralwasser, etwas Schokolade. Das sollte reichen. Wir brachten die Einkaufstüte zur Herberge zurück und nahmen noch schnell zur Kenntnis, dass eine junge Spanierin ein weiteres Bett in unserem Raum belegt hatte.

Der Hunger trieb uns wieder in die Stadt, in der inzwischen reges Treiben herrschte. Wir liefen zur Kathedrale, deren geschlossene Pforten nicht unsere Begeisterung herausforderten.

Tui ist ein teures Pflaster. Deshalb waren wir heute zögerlich. Keine gute Basis um schnelle Entscheidungen zu treffen. In einem der Kathedrale naheliegenden Restaurant gönnten wir uns zu einem akzeptablen Preis ein mittelprächtiges Menü mit gebratenen Pimientos, kleinen grünen, typisch spanischen Paprikaschoten. Anschließend schlenderten wir zur Herberge zurück.

Adeus Portugal!

9

Himmel Herrgott!

Tui – Redondela, 32 km am 1. Mai

Kann Schnarchen Sünde sein? Ja, kann es! Kann junges Schnarchen schöner sein? Nein, kann es nicht! Schnarchen verlangt keine Unterscheidung zwischen Jung und Alt, es ist eine vollkommen überflüssige Erfindung unseres Schöpfers.

Sie war jung. Sie war sportlich. Sie sah gut aus! Eigentlich ein Prototyp von Traumfrau. Für mich war sie potthässlich! Die Innereien ihrer Nase mussten eine Fehlkonstruktion sein und glichen womöglich einem verkrusteten Höhlen-Labyrinth. Die junge Spanierin erzeugte ein akustisches Inferno der Extraklasse, das die Holzbohlen unseres Schlafraumes zum Vibrieren brachte.

Ich konnte nicht anders. Um Mitternacht sprang ich mit einem Satz aus meinem Etagenbett. Rums, machte es. Es sollte laut sein! Wahrscheinlich weckte ich dadurch alle Pilger auf. Nur, die Spanierin sägte weiter. Erst jetzt lockerte ich meine Ohropax. Himmel Herrgott! Ein Geräuschcocktail von Pusten und Schnarchen schlug mir mit mindestens 80 Dezibel entgegen. Wie ein aufgeplusterter Tiger bäumte ich mich vor ihrem Etagenbett auf, schüttelte sie einigermaßen behutsam, mit allem Respekt, den ich in diesem Moment noch hatte. Sie wurde wach. »You are a snorer!«, pflaumte ich sie an. »Hö?«, stammelte sie mir schlaftrunken entgegen. War mir klar, sie verstand kein Englisch! Also intonierte ich ihr Geschnarche so laut ich konnte. »Ah«, sprach's und drehte sich auf die andere Seite. Ich ging noch kurz zum Klo und kletterte wieder in mein Etagenbett. Endlich, es war ruhig.

Genaugenommen 10 Minuten! Dann ging das ganze Theater von vorne los. »Dietmar, bleib ruhig«, hämmerte ich mir immer wieder ein. Ich versuchte es mit autogenem Training. »Ich bin ganz ruhig und entspannt«, redete ich mir fast gebetsmühlenartig ein. »Eine unendliche Wärme durchdringt meinen Körper und mein rechter

Arm wird schwer«. Mit Sprüchen aus dem autogenen Lehrbuch versuchte ich mich in den Schlaf zu wiegen und meinen immer noch wachen Geist von dem grausamen Geschnarche abzulenken. Irgendwann schlief ich dann tatsächlich für wenige Stunden ein.

Andrea hatte von alledem so gut wie nichts mitbekommen. Die junge Spanierin würdigte mich keines Blickes, als wir uns frühmorgens im Flur begegneten.

Um 7 Uhr verließen wir die Herberge. Leichter Morgendunst begleitete uns durch eine wald- und wasserreiche Landschaft.

Unterwegs stießen wir auf ein älteres französisches Ehepaar, das uns von seinen Pilgerwanderungen erzählte. Sie hatten in Spanien alles bewandert, was als Jakobsweg bezeichnet wird. Diesmal sollte es altersbedingt die letzte Wanderung sein.

Nach einem bescheidenen Frühstück in einer Bar machten wir uns wieder auf den Weg. Aus größerer Distanz drangen uns hochdrehende Motorengeräusche entgegen. Nicht lange, und es zeichneten sich die Konturen einer Kartbahn ab. Einige Go-Karts zogen sportlich ihre Runden und erzeugten dabei ohrenbetäubenden Lärm. Nicht unbedingt ein Szenario, um in sich kehren zu können.

Eine kleine Bar direkt an der Piste verleitete zu einem kurzen Boxenstopp. Die nette Bedienung servierte uns zur Begrüßung eine kleine Schale Bohnensuppe, die vorzüglich schmeckte.

Wir zogen weiter. Kurz nach der Kartbahn kommt eine Autobahnbrücke mit strategischer Bedeutung. Nach der Unterquerung führt der Weg normalerweiser nach links entlang eines kleinen romantischen Flusses. An dieser Stelle wurden die gelben Pfeile, gut zu erkennen, vermutlich von interessierten Kreisen manipuliert, einfach mit schwarzer Farbe übersprüht. Die korrigierten Wegzeichen wiesen nun nach geradeaus, direkt in das unattraktive Industriegebiet hinein. Ein Schelm, wer Böses dabei denkt.

Wir liefen nach links. Unser Wanderführer wies Gottlob auf mögliche Manipulationen hin. Der direkt am idyllischen Río Louro entlang führende Weg mündete ins Zentrum der Kleinstadt O Porriño. Eine Stadt ohne Gesicht. Attraktive Bereiche konnten wir ihr nicht abgewinnen. Wir gönnten uns an einem Brunnen eine kurze Verschnaufpause und marschierten weiter.

Kurz hinter O Porriño »blutete« ein Bach, besser gesagt, er führte rötlich gefärbtes Wasser mit sich. In seinem durcheilten Bachbett leuchteten deutlich rote Sande. Vermutlich waren Eisenoxide für die Rotfärbung des Wassers verantwortlich.

Das schläfrige Dörfchen Mos erreichten wir gegen 15 Uhr. In einer Bar neben der Dorfkirche legten wir eine Rast ein. Andrea war ziemlich erschöpft. Wir zogen eine mögliche Weiterfahrt mit dem Taxi nach Redondela in Erwägung. Auch ein Verbleib mit einer Übernachtung in der Dorf-Herberge stand zur Debatte. Schlussendlich entschieden wir uns doch fürs Weitergehen.

Gleich nachdem wir den Ort verlassen hatten, übersahen wir an einer Straßengabelung das gelbe Wegzeichen. Doch Jakobus war blitzschnell zur Stelle und schickte uns einen Glücksengel mit einem gelben Pfeil in seinem Köcher! Nach einem halben Kilometer hielt ein achtsamer Autofahrer an, kurbelte die Scheibe herunter und deutete uns unmissverständlich an, dass wir falsch seien. Wir bedankten uns herzlich bei dem Portugiesen und drehten um.

Wieder am Ausgangspunkt angekommen, führte die kleine Dorfstraße, sehr zum Missfallen von Andrea, steil bergauf. Gerade an Steilstücken spürt man die Erdanziehungskraft, den Rucksack und als Folge daraus, den gepeinigten Körper. Sie biss auf die Zähne, setzte sich mit Bravour über ihren eigenen Schweinehund, der ihr immer wieder einbläute: »Du kannst nicht mehr«, hinweg und lief tapfer weiter. Zwischendurch wechselte sie auf ihre alten Sandalen um, aber die konnten den schmerzenden Füßen kaum helfen. Immer wieder streuten sich zermürbende Auf- und Abstiege ein und zerrten wie Nadelstiche an unserem Willen. So langsam fingen wir an, die Kilometerangaben auf den Meilensteinen zu verfluchen.

Von den Anstrengungen gezeichnet, erreichten wir nach weiteren qualvollen 10 Kilometern den Randbereich von Redondela. Unser Ziel war nicht die öffentliche Herberge, ein schönes Herrenhaus im Renaissance-Stil, sondern die private Herberge El Camino. »Wir sind voll belegt«, ließ uns der in einem schweizerischen Akzent deutschsprechende Hospitalero Benny bei unserer Ankunft wissen. Diese Hiobsbotschaft wollten wir nicht hören. Nicht jetzt, nicht in unserem miserablen körperlichen Zustand! »Ich kann euch ein Zimmer in einer entfernt gelegenen Pension beschaffen«, meinte Benny in fürsorglicher Güte. 40 Euro sollte »der Spaß« kosten. Inklusive Fahrdienst. Versteht sich! Wir willigten ein. Hatten wir eine andere Wahl? Kaum, und wenn, dann mussten wir wieder ein Stück laufen. Und das wollten und konnten wir nicht mehr!

Ein Hotelier holte uns und zwei brasilianische Pilger, die ebenfalls ziemlich fertig aussahen, eine halbe Stunde später mit seinem alten Mercedes ab. Wir fuhren etwa eine Strecke von 6 Kilometern und landeten schließlich in einem Hotel mit Restaurantbetrieb an einer belebten Durchgangsstraße. Gleich nach der Ankunft machte ich dem Hotelier nachdrücklich klar, dass wir ein Doppelzimmer im hinteren Bereich, mit Blick auf den Meeresarm, haben wollten. Er erfüllte uns unseren Wunsch. Alles war gut!

Das einfache Zimmer löste bei uns keine Jubelstürme aus, aber wir waren zufrieden. Hier konnten wir duschen, waschen, entspannen und unsere Blessuren versorgen. Mehr wollten wir nicht.

Ohnehin reduziert sich eine Pilgerwanderung bewusst oder unbewusst auf die menschlichen Grundbedürfnisse essen, trinken und schlafen. Verzicht heißt das Stichwort. Zu erleben, wie wenig man täglich wirklich braucht, um zufrieden und glücklich zu sein, ist eine heilsame Erfahrung. Das Wort Luxus verkommt unterwegs zum Fremdwort, zum abartigen Unwort. Nach wochenlanger Entbehrung weiß man nach seiner Rückkehr den Luxus Zuhause ganz neu zu schätzen, ganz anders mit dem Begriff umzugehen.

Als ausgesprochen nüchtern empfanden wir die Atmosphäre in der Bar. In steriler Umgebung einfachen Gestühls und ohne Tischdecke zu speisen, erzeugt nicht gerade Wohlgefühle. Wie schön wäre doch ein festlich eingedeckter Tisch im großen Nebenraum mit Panoramafenster und Blick auf das Meer gewesen. Doch keiner machte uns auf den herrlichen Platz aufmerksam. Dabei hatten wir frisch geduscht, rochen angenehm und sahen adrett aus!

So speisten wir halt in der ungemütlichen Bar und haderten im Nachhinein ein wenig mit unserer Situation. Das gerade mittelprächtige Essen, Andrea hatte sich Krabben in Aioli, ich mir eine Portion Wolfsbarsch bestellt, konnte uns nicht ganz versöhnen.

Sei's drum, letztendlich wollten wir ja verzichten…..

Ein hartes Stück Arbeit: Der Jakobsweg mit einem Steilstück kurz hinter Mos

10
Die kleinste Dusche der Welt
Redondela – Pontevedra , 20 km am 2. Mai

Der Wecker schellte. Eigentlich nichts Ungewöhnliches. Die Zeiger standen auf 8 Uhr. Noch etwas schlaftrunken ging ich ins Bad. Nach der Dusche legte ich meine Armbanduhr an, warf noch schnell einen Blick auf das Zifferblatt. Oh Schreck! Da stand 9.30 Uhr drauf! Unser Jetzt wurde schlagartig neu geeicht. Leider war mein Wecker immer noch Portugiese! Ich hatte vergessen, ihn in Spanien um eine Stunde vorzustellen. So waren wir nun verdammt spät dran!

Jetzt ging alles holler, kaboller. In Rekordzeit waren wir abmarschbereit. Der Hotelier lachte, als wir ihm unser Missgeschick offenbarten. Noch ein schneller Kaffee und schon saßen wir im Auto. Der Fahrer sollte uns zur Ausgangsposition nach Redondela zurückbringen. Oje! Auf halber Strecke fiel mir ein, dass ich mein frisch gewaschenes T-Shirt vergessen hatte. Also Kommando: zurück zum Hotel. So erreichten wir erst um 10 Uhr die Stadt, wo wir von der öffentlichen Pilgerherberge aus zügig losliefen.

Andrea hatte nachts ihre »Fußbremse« gründlich überholt. Ihre wundersam erholten Füße brachten die neu gewonnene Energie kraftvoll auf die Straße, besser gesagt auf den Pfad. Auch mein Wolfsbarsch machte sich gut. Mit seiner Eiweißspende wurde mein Antrieb befeuert. Beide spürten wir im Moment Kraft ohne Ende.

Schon bald näherten wir uns der Bucht von Vigo. Ab und zu erlaubten uns Lücken im dichten Baumbewuchs atemberaubende Blicke auf den langgestreckten Meeresarm, der von Bergen umrahmt, eher wie ein großer See anmutet. Eine Wonne für die Netzhaut der Augen. Immer wieder blieben wir staunend an einigen Schneisen stehen, setzten unseren Rucksack ab, schauten auf die grandiose Landschaft und atmeten tief durch.

Wir schalteten bewusst einen Gang zurück. Langsam ist manchmal schneller. Klingt paradox, aber man »gewinnt« Zeit, der Weg zum Genuss wird kürzer und »der Film« läuft wirkungsvoller ab. Das Langsame erreicht viel intensiver unsere Herzkammern. Wie gegensätzlich ist doch unsere reale Welt, sie ist schnelllebig, gefühlt permanent online. Wie wohltuend anders war unser derzeitiger Lebensraum, die Welt des Jakobsweges. Für den Moment war sie ereignislos. Ereignislosigkeit kann zauberhaft sein. War es der Zauber der Ereignislosigkeit, der uns einnahm?

Kurz hinter Redondela: schöner Blick auf den Meeresarm von Vigo

Das Wetter zeigte sich ebenfalls von seiner Schokoladenseite. Es war wolkenlos, eine angenehme Wärme füllte den Weg. Die Vögel zwitscherten, die zarten Windbewegungen wirkten wie Streicheleinheiten für die Blätter, die die Liebkosung mit einem leichten, bejahenden Rauschen erwiderten. Eigentlich eine ideale Kulisse, um sich spirituell in Hochform zu bringen. Aber im Moment fand ich keinen Zugang für eine innere Einkehr. Überhaupt, es war mir bisher fast in keiner Situation gelungen, mich in irgendeiner Form spirituell auszuleben. Zwar versuchte ich sinnlich die Bäume zu umarmen, die Düfte der Blumen einzufangen, mit den Vögeln zu singen und mit dem Wind zu sprechen. Aber es war mir nicht möglich, den Jakobsweg richtig zu schmecken, geschweige denn, den flüsternden Stimmen der Gräser lauschen zu können. So wie während meiner Wanderung auf dem Camino Francés.

Ich stellte mir die Frage, ob es an der ständigen Begleitung von Andrea liegen könnte. Wirklich allein mit mir und meiner Seele war ich nie. Möglichweise fehlen dem Portugiesischen Jakobsweg auch die Reize und die kryptische Magie des Camino Francés. Bisher habe ich keine plausible Antwort gefunden.

Über das kleine Städtchen Arcarde erreichten wir die wunderschöne, den Río Verdugo überspannende mittelalterliche Brücke von Pontesampeio. In dem kristallklaren Wasser tummelten sich im Bereich der Pfeiler hunderte prächtiger Forellen.

Zahlreiche, gut erhaltene Hórreos säumen den Weg vor und nach der Brücke. Sie sind typisch für Galicien und präsentieren sich oftmals in Vorgärten. Es handelt sich um Speicher für Feldfrüchte, insbesondere Korn und Mais. Die hohen Stelzen und zwischengeschaltete, große runde abschließende Steinplatten sollen das Eindringen von Mäusen und Ratten verhindern. Die Speicher werden im Alltag so gut wie nicht mehr genutzt. Sie erfüllen ihren Sinn nur noch als Kulturgut und gelten als touristische Attraktion.

Nach der Brücke führte der Weg zunächst steil bergauf. An einer Steintreppe verkaufte ein Junge farbenfrohe Silikonarmbänder. Er kam etwas schüchtern auf uns zu und zeigte uns seine Kollektion. Seine Kinderaugen strahlten, als ich ihm ein Exemplar abkaufte. Seine Hand drückend, versprach ich ihm, dass ich das Armband bis nach Santiago de Compostela tragen würde.

Erneut ging es durch bewaldete Hügel steil aufwärts. Ein abgestorbener Baum reckte sich mit seinem blattlosen Geäst klagend in den Himmel. Kurze Zeit später hätte auch der Weg einen Grund gehabt sein Leid zu klagen. Ohne sich wehren zu können, wurde er jäh von penetrant stinkendem Fischgeruch eingenebelt. Fast unbemerkt, von einer hohen Mauer umgeben und ins Abseits gerückt, verarbeitete eine kleine Fischfabrik »ohne Billigung von oben« die ihr angelieferten Fangmassen zu Konserven. Selten liegen Wohlgerüche der Natur und von Menschenhand verursachter Gestank so eng beieinander wie in diesem Bereich.

Der Belag des Weges gab den Ursprung der alten Römerstraße Via Romana XIX. preis. Anhand von Vertiefungen im groben Steinpflaster meint man an manchen Stellen die Karrenradspuren von Fuhrwerken aus jener Zeit erkennen zu können.

Traumhafter Wegabschnitt kurz hinter Pontesampeio

Vorbei an vielen kleinen Ortschaften und verstreuten Siedlungen erreichten wir um 16 Uhr die Provinzhauptstadt Pontevedra. Im Mittelalter war sie als Hauptstadt des Portugiesischen Jakobsweges ein obligatorisches Etappenziel für viele Millionen Pilger. Auch heutzutage ist der pulsierende Ort bei der durchziehenden Pilgerschaft beliebt. Die Virxe Peregrina (jungfräuliche Pilgerin) symbolisiert die enge Verbindung der Stadt mit dem Jakobskult. Die nach ihr benannte Kirche gleicht im Grundriss einer Jakobsmuschel. Sie vereinigt die Stilrichtungen Barock und Neoklassizismus mit deutlich portugiesischem Einfluss. Das prächtige Altarbild stellt die Jungfrau im Pilgergewand dar.

Wir passierten den Vorplatz der bemerkenswerten Kirche, warfen noch einen flüchtigen Blick auf das Altarbild und gingen zum Nonnenkloster Casa de la Virgen, das ruhig in der Altstadt in direkter Nähe des durch die Stadt führenden Jakobsweges liegt. Freundlich wurden wir dort aufgenommen. Ein Hospitalero führte uns zu einer zweckdienlichen, sehr sauberen Kammer mit integriertem Bad in der 1. Etage des großen Gebäudekomplexes. Das Zimmer erhielten wir für einen Spottpreis von nur 20 Euro. Inklusive Frühstück, versteht sich! Die einfachen Kammern dienten früher den Nonnen als Rückzugsraum und werden heutzutage, der geringen Anzahl der Ordensmitglieder geschuldet, zur Aufbesserung des Klosteretats an Pilger vermietet.

Trotz der sterilen Umgebung fühlten wir uns in dem Kloster sehr wohl. Die von den Gemäuern ausgehende Ruhe vermittelt den Anwesenden ein Gefühl von Geborgenheit, von ehrlich gemeinter Gastfreundschaft.

Unser kleines Bad verdient eine besondere Erwähnung, sagen wir ruhig: Würdigung. Die Duschtasse hatte eine Seitenlänge von maximal 45 Zentimetern. Quadratisch, praktisch, gut! Schon mal auf 0,2 Quadratmeter geduscht? Das ist gar nicht so einfach! Man muss sich dünnmachen, den inneren Schrumpfknopf drücken und hoffen, dass diese eingeleiteten Prozesse helfen. Es ist eng wie in einer Ölsardinen-Konserve. Aber es geht! Allerdings sollte der Körperumfang im Normbereich der gesunden BMI-Werte liegen. Die Größe der Duschtasse könnte möglicherweise auch Aufschluss über das Aussehen der ehemaligen Bewohnerin geben: kleine Statur, maximal 160 cm groß, gertenschlank und vermutlich jünger als 60 Jahre. Denn ab da nutzt man wahrscheinlich eher die Wanne!

Kurzum, es könnte sein, dass die für absolut schmale Gestalten gemachte Dusche in ihren Ausmaßen weltrekordverdächtig ist. Im Guinnessbuch der Rekorde würde sie als »Kleinste Dusche der Welt« bestimmt ihre Berechtigung finden.

Nun zur Toilette: Sie strahlte den Charme vergangener Jahre aus. Wie in alten Zeiten wurde der Toilettentopf aus einem kurz unter der Decke befestigten gusseisernen Wasserkasten bespült. Der Mechanismus funktioniert, wenn man am Porzellanknauf der

1,2 Meter langen Kette zieht. Ganze Niagarafälle ergießen sich anschließend in die aufnahmebereite, fast überforderte Kloschüssel und befördern die Inhaltsstoffe in die wohl blitzblanke Kanalisation.

Ich möchte es nicht unerwähnt lassen, dass alles perfekt, ich wiederhole, p e r f e k t funktionierte. Es klingt ein wenig schräg, aber das Bad war eines unserer spektakulärsten Erlebnisse auf dem Jakobsweg!

Wir verließen die Abtei. Keine 100 Meter weiter liefen uns zwei bekannte Weggefährtinnen in die Arme. Moni und Ursula waren auf der Suche nach dem Kloster. Unsere Beschreibung erzeugte eine wahrnehmbare Vorfreude in ihren Gesichtern. Beschwingt machten sie sich auf die letzten Meter.

Beim Stadtbummel besichtigten wir u.a. die Basilika Santa Maria. Besondere Aufmerksamkeit verdienen die in Stein geschlagenen Zeichnungen links und rechts im Innenraum des Hauptportals.

Da Andreas Füße ebenfalls immer wieder Aufmerksamkeit verlangten, begaben wir uns auf die Suche nach geeigneten Wandersandalen. Die Auswahl in den Schuhgeschäften, die wir besucht hatten, war zwar nicht sonderlich groß, aber wir fanden schließlich ein geeignetes Paar.

Unser Entschluss stand fest. Die frühen Abendstunden wollten wir in der Uferatmosphäre des Río Lérez verbringen und dabei ungezwungen speisen. Wir besorgten uns in einem Supermarkt 2 Portionen Lachs, Käse, Joghurt, Obst, Wasser und Wein und verzehrten alles auf einer schönen Bank am Flussufer.

Das pulsierende, typisch südländische Leben in den Gassen und auf den Plätzen lässt sich spätabends am besten auf der Terrasse einer Bar mit einem großen Glas Vino tinto beobachten.

Wie auf einem Sternenweg beschritten wir den Rückweg zum Kloster größtenteils auf einem im Betonpflaster eingelassenen Lichtband aus Leuchtdioden.

Durch einen Spalt der Kammertür hatten uns Moni und Ursula einen Zettel geschoben: »Könnt ihr uns morgen um 8 Uhr zum Frühstück abholen? Wir wissen nicht mehr, wo sich der Raum befindet.« Ehrensache, Suchenden muss man helfen!

2 Hórreos im Brückenbereich von Pontesampeio

11
Unbeachtete botanische Exoten
Pontevedra – Caldas de Reis, 22 km am 3. Mai

Das Nonnenkloster war ein Ort der Stille, mitten in der lebhaften, urbanen Altstadt. Und für Nachtschwärmer auch zur gesetzten Stunde eine ideale Übernachtungsstätte.

In der Tat glich das Kloster in manchen Bereichen einem Labyrinth. Mit Moni und Ursula »an der Hand« stolzierten wir zum Aufenthaltsraum. Das Frühstück war nicht der Brüller, aber es war o.k. Was will man in einem Kloster, wo Bescheidenheit groß geschrieben wird, schon verlangen? Immerhin, an den beiden eingedeckten Tischen gab´s Brot, Butter, Marmelade und eine Tüte Nescafe für eine Großtasse Kaffee. Die Holländer, Nelly und Koos aus Alkmaar, zählten zu unseren Tischnachbarn. Im weiteren Verlauf sollten wir uns noch mehrmals begegnen.

Ein steinerner Zeitgenosse mit Pilgerhut

Um 8.30 Uhr setzten wir uns wieder in Bewegung. Wir liefen über die den Río Lérez überspannende Brücke Richtung Alba. An der Kirche Santa María del Alba hatte ein Pilgergenosse »lebenslänglich« auf einer Steinbank Platz genommen. Der »Fielmann-Brillenträger« beobachtete etwas gleichgültig die vorrübergehenden Pilger. Ein freundliches »Buen Camino« erwiderte er grundsätzlich nicht. Konnte er auch nicht. Er war nicht aus Fleisch und Blut, so wie wir, sondern er besaß einen Körper aus Stein. Von seinem Meister aus Granit geformt, sollte er der Vergänglichkeit trotzen und bis in alle Ewigkeit neugierige Blicke auf sich ziehen.

Ein schattiger Waldabschnitt offenbarte uns seine kleinen Geheimnisse, öffnete bereitwillig seine Schatzkammer. Murmelnde Bäche, ein kleiner Wasserfall, eine alte Steinbrücke, im Gefühl schwebenden Schrittes, nahezu befreit von der Schwere des eigenen Körpers, die Natur war im Begriff uns mit ihren verlockendsten Reizen zu umhüllen. Den Gang zur Langsamkeit gedrosselt, die Gedanken in eine Sinnes-Party entlassen, man ist enttäuscht, wenn die Gegend wechselt, sich wieder gewohnte Normalität einstellt.

Im kleinen Kaff San Amara wurde unser Stimmungspegel wieder in den Normalstand zurückversetzt. Gleich am Ortsanfang pausierten wir in einer guten Bar. Frisch gepresster Orangensaft sorgte für eine belebende Abwechslung unserer Getränkemonotonie.

Wir wanderten weiter. Eine Sumpfwiese sprudelte das Gequake quietschfideler Frösche heraus. Ein Ort der freien Entfaltung für sie. Störche, ihre Erzfeinde, in Galicien eigentlich stark verbreitet, hatten wir seit Porto nicht zu Gesicht bekommen.

Ackerbau und Viehzucht spielen sowohl in Spanien als auch in Portugal eine große Rolle. Leider auch die Düngung der Felder mit Kunstdünger und Pestiziden. Hinter San Amara wurden wir Zeuge, wie Anbauflächen mit dem weit verbreiteten Gift verseucht wurden. Ein Bauer war damit beschäftigt, die Chemikalie mit einem Hochdruck-Zerstäuber in den Boden einzutragen. Ein schlechtes Gewissen schien er dabei nicht zu haben. Sollte er aber. Pestizide töten Insektennützlinge. Als Folge nimmt die Besiedelung von Schädlingen zu und verlangt nach einer erneuten Pestizidbehandlung. So entwickelt sich ein Kreislauf, der ins Verderben führen kann. Eigentlich gibt es in diesem Szenario nur Verlierer: Mensch, Tier, Umwelt und die für die Bestäubung so wichtigen Bienen.

Ein wenig resignierend hielten wir die Luft an und machten uns, so schnell es ging, aus dem Staub.

An einem kleinen Staubecken hinter dem Örtchen Briallos machten wir Halt. Bei wohligen Temperaturen und wärmespendenden Sonnenstrahlen versorgten wir uns mit den mitgeführten Fressalien. Danach bevorzugten wir die Horizontale, benutzten dabei den Rucksack als stützendes Element für Kopf und Rücken. Die auf unsere müden Körper einstrahlende Sonne tat gut und füllte unsere leibeigenen Batterien. Unsere von den Wanderschuhen befreiten Füße verlangten nach »Sommerreifen«. In Geberlaune erfüllten wir diesen Wunsch und wechselten auf Sandalen.

Gegen 16 Uhr erreichten wir die durch ihre Thermalquellen bekannte Kleinstadt Caldas de Reis. Durch den Río Umia geteilt, ist sie eine der wichtigsten und ältesten Kurstädte Galiciens.

Das Pferd eines römischen Soldaten soll die vielen Thermalquellen Galiciens berühmt gemacht haben. Den Überlieferungen nach soll sich das Tier im warmen Quellwasser schnell von seinen schweren Verletzungen aus einer Schlacht erholt haben. Seitdem nutzten die Menschen das warme, schwefelhaltige, leicht faulig riechende Wasser für ihre Zwecke. Bei regelmäßiger Anwendung soll es Hautkrankheiten, Gelenkbeschwerden und Erkrankungen der Atemwege lindern.

Zwei alte Kurhäuser, in denen die Heilquellen genutzt werden können, befinden sich am Flussufer mitten im Ort.

Das Hotel/Hostal O'Cruceiro war unser heutiges Ziel. Das schöne Haus bot günstige Konditionen für Pilger im integrierten Hostal an. Wir staunten nicht schlecht über das relativ komfortable Doppelzimmer, für das wir lediglich 25 Euro bezahlten.

Ungleiches Hundepaar am Supermarkt wartet auf Herrchen

Der direkt gegenüberliegende, gut sortierte Supermarkt war eine willkommene Stätte, um unseren Bedarf für die nächste Etappe zu stillen und Vorräte zu bunkern. Ein bis zwei Zitronen fanden neuerdings regelmäßig Einzug in meinen Rucksack. Da mir Wasser zu sehr nach Wasser schmeckte, teilte ich des Öfteren eine Zitrone mit dem Messer, presste die Hälften mit der Hand aus und träufelte den Saft in die Wasserflasche. Auf diese Weise wurde Wasser in vitaminreichen Zitronensaft verwandelt. Quasi Vitamin-Doping!

Wir verließen das Hotel und schlenderten zur mittelalterlichen vierbogigen Brücke. Das frisch gezapfte, perlende Estrella-Bier in einer am Flussufer gelegenen Bar hatten wir uns redlich verdient. Immerhin waren wir seit Porto schon rund 200 Kilometer gelaufen.

Als Rahmen für das Abendessen wählten wir eine Pizzeria in der Nähe des botanischen Gartens aus. Die riesige 40-Zentimeter-Pizza reichte für uns beide und schmeckte darüber hinaus prima.

Caldas de Reis bietet viel mehr als nur Thermalquellen. Beispielsweise den in der Uferregion östlich der Brücke verborgenen botanischen Garten. Der wunderschöne, mit jahrhundertealten, teilweise exotischen Bäumen bewachsene Park, von den meisten Pilgern und Touristen unbeachtet, brachte uns regelrecht in Verzückung. Nicht nur seine idyllische Lage macht ihn zu einem wertvollen Juwel. Alles, was in der Anlage wächst, atmet Größe.

Bei näherer Betrachtung entdeckten wir Baumriesen aus aller Welt: Douglasien aus Nordamerika, Zypresssen aus japanischen Bergwäldern, eine Libanon-Zeder aus der Region Libanon/Syrien, Araucarien aus Südamerika. Linden, Kastanien, Platanen aus heimatlichen Gefilden, uns eher vertraut, erscheinen bei dieser Aufzählung fast langweilig. Waren sie aber nicht. Von der Natur zu überragender Größe geformt, von den Jahrhunderten zu bizarren pflanzlichen Denkmälern genarbt, wachen sie mit ihre Mächtigkeit erhaben über die Stadt.

Der mitten im Park positionierte 1 Meter große Steinpilger mit Pilgerstab tritt hinsichtlich seiner Größe eher in den Hintergrund, legt aber großen Wert auf seine reinliche Erscheinung. Verantwortlich dafür war eine in seinem Hut versteckte Wasserdüse, die ihn intervallmäßig ganzkörperlich besprühte.

Der botanische Garten am Ufer des Río Umia, für uns die eigentliche Entdeckung im Ort, eine der verborgenen Attraktionen des Portugiesischen Jakobsweges!

Erwähnenswert sind auch die rund 20 spalierartig gesetzten hundertjährigen Palmen neben der Kirche Santa María de Caldas. Wo, wenn nicht an diesem Platz, beschließt man einen erlebnisreichen Wandertag? Ein gutes Gläschen Vino tinto mit Blick auf die Palmenallee, da fällt der Gedanke an eine Steigerung schwer.

Hundertjährige Palmen an der Kirche

12
Hör mal zu!
Caldas de Reis – Padrón, 19 km am 4. Mai

So ein Wecker kann ein verflixter Schlafverderber sein. Weniger als Freund, sondern vielmehr als Mittel zum Zweck beißen sich seine fiesen Signaltöne ohne Vorwarnung ins Gehör ein und erklären die Schlafphase für beendet. Böser Wecker!

Wie dem auch sei, wir hatten tief, fast komaartig geschlafen und uns um 8 Uhr auf den Weg gemacht. Nachdem wir eine alte Römerbrücke überquert hatten, führte uns eine leicht bergige Piste zu dem schönen Café Esperón, wo ein gutes Frühstück mit getoasteten Baguettes und einem leckeren Kaffee auf uns wartete.

Der Weg führte anschließend in Richtung O Pino. Gleich hinter der schönen Kirche Santa de Carracedo in dem kleinen Nest Cortiñas, kommunizierten, räumlich etwa 50 Meter voneinander getrennt, zwei Gockel in auffälliger Weise miteinander. Kikeriki, tönte es von links. Der Korrespondenz-Partner rechts beantwortete nach einigen Sekunden die Anfrage mit: Kikeriki! Stille. Kikeriki, jetzt wieder von der linken Seite! Wieder Stille. So ging es permanent hin und her. Welche Botschaften mögen die beiden wohl miteinander ausgetauscht haben? Vielleicht meinte der eine: »Hör mal zu! Ich habe eine riesiges Revier.« Möglicherweise meinte der andere: »Hör mal zu! Mein Revier ist aber größer!« Antwortete wohl wieder der eine: »Hör mal zu! Dafür besitze ich mehr Hühner als du!« Entgegnete wohl der andere: »Hör mal zu! Dafür legen meine Hühner aber die dicksten Eier in der Gegend.« Hör mal zu.….

Bei etwas mehr Vorstellungsvermögen könnte man den Dialog unendlich fortsetzen. Tierlaute zu entschlüsseln und zu interpretieren kann eine blühende Fantasie erzeugen und macht Spaß, nicht nur unterwegs.

Ein kleiner Teich mit Wasserfall, von unzähligen Wasserlinsen benetzt, verleitete uns zu einem Zwischenstopp. Unsere Blicke weideten sich an der pittoresken Landschaft und dem tiefen Grün der von den Sonnenstrahlen angeleuchteten Pflanzen. Im weiteren Verlauf entfaltete die Flora ihr bunt geflecktes Frühlingskleid. Knorrige alte Eichen vermengten sich mit hochragenden Pinien. Und immer wieder mischten sich Eukalyptusbäume in die Wegabschnitte. Koalas hätten Gefallen an dem mitunter giftigen Blattwerk gefunden. Doch die waren geografisch bedingt nicht in Sicht.

Hochstelzige, gelbblühende Ginstersträucher gaben der urwüchsigen Landschaft ein farbenfrohes Gesicht. Der naturbelassene Wald, von streng korrigierender Menschenhand verschont geblieben, wirkte bei diffusem Lichteinfall wie ein verwunschener Märchenwald. Womöglich wurde unsere Anwesenheit von umhergeisternden Feen und Elfen kritisch beobachtet. Ein Knistern im Dickicht, ein dumpfes Knacken hinter den moosbewachsenen Felsen, jedes ungewöhnliche Geräusch ließ uns aufhorchen, vielleicht sogar ein wenig zusammenzucken.

Heute erwischten wir die Natur in flagranti, in ihrer puristischen Schönheit, aus dem Blickwinkel eines entlarvenden Vergrößerungsglases.

Wegzeichen im Märchenwald

Wir querten das Dörfchen Valga und kehrten am Ortsende in eine Dorfbar ein. Ohrenbetäubende Salutschüsse kündigten den offiziellen Beginn des Festes San Miguel an und die Blaskapelle spielte munter drauf los. Viele Dorfbewohner hatten sich eingefunden und lauschten den Klängen der meist jungen Musiker.

Nelly und Koos aus Alkmaar kamen vorbei und setzten sich zu uns. Koos hatte Probleme mit seiner gereizten Archillessehne an der rechten Ferse. Die noch rund 35 Kilometer bis Santiago wollte er unbedingt durchhalten, notfalls langsamen Schrittes.

Um zu erfahren, ob das Franziskanerkloster von Herbón geöffnet war, sprachen wir zwei portugiesische Pilgerinnen an. Sie waren sich nicht sicher und fragten die Bedienung. Von ihr erfuhren wir verlässlich, dass das Kloster erst ab Juni öffnen würde. Die 3,5 Kilometer Umweg konnten wir uns somit sparen.

Unterwegs stießen wir auf eine polnische Familie aus Kattowitz, die sich gerade zu einem Foto-Shooting aufreihte. Ich bot spontan meine Hilfe an. Gerne nahmen die Vier meine Dienste für sich in Anspruch. Jaszek und Katharina waren mit ihren Söhnen Chris (17) und Peter (10) in Tui losgelaufen. Wir sollten uns noch des Öfteren begegnen, Chris und Peter in ganz besonderer Weise.

Unser Weg führte uns nun bei inzwischen sommerlichen Temperaturen von 25 Grad direkt nach Padrón. Gegen 16 Uhr erreichten wir das bedeutende Städtchen über einen belebten, langgestreckten Wochenmarkt. Nach kurzer Suche fanden wir in der am botanischen Garten gelegenen Pension El Jardín eine schöne Bleibe. Das stilvolle Zimmer strahlte einen Hauch von Luxus aus. Prunkstück war das Bad. Integriertes Licht und Radio, die Duschzelle mit mehreren Düsen lud zu einem längeren Verweilen ein.

Es zog uns in die Stadt. Jakobus und Padrón sind historisch ganz eng miteinander verwurzelt. Nirgendwo sonst lassen sich die ursprünglichen Spuren vom Wirken des Apostels in Spanien besser nachvollziehen als an diesem Ort.

Um Jakobus zu folgen, mussten wir zunächst hoch hinauf. Genau genommen, 114 Treppenstufen zum Santiaguiño do Monte. Um in den Genuss der uneingeschränkten Gnade unseres Schöpfers zu kommen, nahmen wir, streng dem Ritus folgend, die Treppe ohne Pausentee. Das war ganz schön anstrengend! Aber wir wurden reich belohnt. Neben einer kleinen Kapelle nahm uns Jakobus, als Statue auf einem großen Felsen thronend, in Empfang. Am Ort seiner ersten Bergpredigt auf spanischem Boden angekommen, kniete ich voller Ehrfurcht nieder und verharrte in Demut vor seiner Figur. Vor rund 1.970 Jahren soll er hier gewesen sein, verkündete das Wort Gottes an seine Zuhörerschaft. Was mag er ihnen gepredigt haben? Gab es Beifall oder gar Unmut? Hatte er sich anschließend noch Zeit für Einzelgespräche genommen? Fragen, die im Nachhinein nicht beantwortet werden können.

Jakobusstatue Santiaguiño do Monte

Für ihn persönlich wäre es besser gewesen, an seinem spanischen Standort geblieben zu sein, denn nach seiner Rückkehr wurde er in Jerusalem gefangen genommen und enthauptet.

Andrea und ich waren allein auf weiter Flur. Unglaublich, kein weiterer Pilger war in Sicht. War ihnen Jakobus so gleichgültig?

Wir waren völlig ungestört. Ich kniete erneut nieder, bat ihn, »noch ein Plätzchen für mich freizuhalten« und sang ihm zu Ehren eines meiner selbst komponierten Jakobslieder. Starke Gefühle durchdrangen dabei meinen Körper und mein Seelenleben. Irgendwie spürte ich, ich war ihm im Moment sehr, sehr nahe.

Ich richtete meine Blicke nach oben. Es sollte wohl kein Zufall sein, dass ein Düsenjet am stahlblauen Himmel einen Kondensstreifen hinter sich her zog. Welche Botschaft sollte ich daraus entnehmen? Ich interpretierte die weiße Linie als meinen Lebensstrahl, der mit meiner Geburt begann und sich irgendwann vollenden würde. So schnell wie der Jet die Linie zog, so schnelllebig verlief gefühlt auch mein Leben. Kurz zuckte ich, als ich merkte, dass der Jet am Horizont verschwand und die Linie nicht mehr weiter führte.

Die kleine Jakobsstatue mit dem Steinkreuz, ein ungemein starker Kraftort in idyllischer Umgebung. Ein Ort der inneren Einkehr, ein Platz der Stille, eine Stelle, die Dankbarkeit herausfordert. Sie begeisterte mich derart, dass ich einen Entschluss fasste.

»Ja, ich werde wiederkommen, lieber Jakobus! Und wenn ich wiederkomme, dann werde ich nicht in einer Herberge, sondern dir zu Ehren direkt in deiner Nähe unter dem Seitendach der Kapelle nächtigen. Aus meinem Weltraumzimmer werde ich in ätherischer Geruhsamkeit einen Blick auf den Mond und die Sterne werfen. Wie auf Wolken gebettet schlafe ich in meinem Schlafsack, weich wie in einem Himmelbett, werde in Gedanken bei Dir sein und mich mit neuen Inhalten füllen. Ja, das werde ich.« Und, wenn ich mir etwas in den Kopf gesetzt habe, dann führe ich es auch aus!

Nach einer geschlagenen Stunde nahmen wir mit etwas Wehmut Abschied von Jakobus. Der Abstieg fiel nicht sonderlich schwer.

Direkt neben der Brücke am Ufer des Río Sar befindet sich ein weiteres bedeutendes Apostel-Relikt: Pedrón, der Stein, an dem das Engelsschiff mit dem Leichnam um 44 n. Chr. angelegt und festgemacht haben soll, fristete am Flussufer ein unbeachtetes Dasein. Dass es sich nur um eine Kopie handelt, fällt kaum auf. Wer das Original sehen möchte, der kann den denkwürdigen Stein, als Altarfuß eingebaut, in der Jakobuskirche von Padrón bewundern.

An der Brücke befindet sich auch ein originalgetreuer Nachbau des Ochsenkarrens, mit dem der Leichnam von Jakobus nach seiner Anlandung ins Landesinnere zu seiner Grabstätte, dem heutigen Santiago de Compostela, transportiert wurde. Auch dieses geschichtsträchtige Ereignis kann in der Jakobuskirche anhand von Wandbildern nachvollzogen werden.

Pedrón, der Stein am Ufer des Río Sar, an dem das Boot mit dem Leichnam des Apostels Jakobus im Jahr 44 n.Chr. festmachte

Die nächsten Stunden standen im Blickpunkt der Begegnung. Zunächst begegneten wir der polnischen Familie auf dem Weg zum Kamelliterkloster Convento do Carmen. Die Polen hatten sich in dem stilvollen Gebäude der Herberge, das früher dem Konvent gehörte, eingenistet. Wir berichteten über unser wundersames Erlebnis mit »Jaköbchen vom Berge«, so heißt die Jakobusstatue in ihrer originalgetreuen Übersetzung. Von unseren schwärmenden Worten überzeugt, machten sie sich gleich auf den Weg dorthin.

Da das Kloster öffentlich nicht zu besichtigen war, wollten wir wieder über die Brücke zurück stadteinwärts gehen. Dazu kam es aber nicht. Gleich nach der Brücke hatten sich einige holländische Pilger an einem schattigen Plätzchen einer Bar niedergelassen. Darunter auch Koos und Nelly. Sie winkten uns zu sich. In Spendierlaune orderte Koos zwei Zusatzgläser und füllte sie mit tiefrotem Vino tinto. Nach mehreren Gläsern löste sich natürlich ein wenig die Zunge. Koos erzählte uns von seiner Jakobsweg-Wanderung, die er vor 16 Jahren gemacht hatte. So wie ich fand er den Camino Francés wesentlich spiritueller als den Portugiesischen Jakobsweg. Eine Begründung für seine Ansicht konnte er mir nicht geben.

Koos war Unternehmer. Eine Kette von 16 Geschäften, die auf den Verkauf von Bio-Ware ausgerichtet waren, zählte er sein Eigen. Seinen Mitarbeitern vermittelte er die sinnbringende Philosophie, dass sie nicht für ihn persönlich, sondern für seine Geschäftsidee arbeiten würden. Klingt sympathisch, mit dieser Ausrichtung erreicht man die Mitarbeiter, sie fühlen sich mitgenommen und motiviert. So wie ich Koos einschätzte, stand und bürgte er für eine gute Unternehmenskultur.

Irgendwann löste sich die fröhliche Runde auf und wir zerstoben in verschiedene Richtungen.

Es wurde Zeit, sich nach einem Restaurant umzusehen. Am Plaza de Macias trafen wir die polnische Familie wieder, die gerade auf der Terrasse eines Restaurants Platz genommen hatte. Wir setzten uns zu ihnen. Der 17-jährige Chris lernte in der Schule Deutsch. So war eine gute Verständigung möglich. Mit vereinten Kräften versuchten wir die spanische Speisekarte zu entzaubern. Während Andrea sich auf »Pollo« (Hühnchen) festlegte, entschied ich mich für ein Mischgericht aus Pulpo (Tintenfisch) und Muscheln. Der kleine Peter war mit der Größenordnung seines Kindertellers überhaupt nicht einverstanden und bestellte sich anschließend noch eine große Portion Pommes, wovon, sehr zu seinem Missfallen, auch sein Vater und Chris partizipieren wollten.

Gut genährt verabschiedeten wir uns von der netten Familie mit den Bilderbuch-Buben und gingen irgendwie glücklich zur Pension zurück. Wir hatten uns heute in einer Welt der Ausrufezeichen bewegt, es war für uns beide ein ganz besonderer Tag!

13
Darf es etwas mehr sein?
Padrón – Santiago , 19 km am 5. Mai

Darf es auch etwas mehr sein? So hieß wohl das Motto der verrücktesten Bar auf dem ganzen Jakobsweg. Wirt Pepe, der jeden Gast wie »einen guten Freund« behandelte, war mit seiner Bar »Don Pepe 2« für dieses Image verantwortlich.

Kurz vor der Brücke wollten wir »mal eben« schnell noch eine Flasche Wasser kaufen. Es wurde ein etwas längerer Aufenthalt. Gleich nachdem wir die Bar betraten, wurden wir von Pepe wie zwei alte Bekannte mit einem Wangenkuss begrüßt. Dabei grinste er wie ein »Honigkuchenpferd«. Geschäftstüchtig, aber nicht aufdringlich, vielleicht mit Kalkül, bot er uns sogleich ein Frühstück an. Andrea und ich guckten uns an. Okay, dann frühstücken wir halt eine Kleinigkeit! Kaffee, Brot, Butter, Marmelade, 2 Scheiben Käse, das sollte reichen. Pepe marschierte hinter die Theke und begann mit der Vorbereitung, dabei sich in jovialer Art mit einem holländischen Pilgerpaar unterhaltend. Kurz darauf servierte er uns 2 Tassen Café con leche, Teller und Besteck. Brot usw. folgten. Er kehrte zur Theke zurück und nahm einen halben Käse in die Hand. Laut lachend knallte er uns das 2-Kilo-Stück auf den Tisch, erdolchte noch mit einem Messer den armen Käse, klopfte mir auf die Schulter und wünschte uns »Buen Provecho«, was »Guten Appetit« bedeutete. Mit einem breiten Grinsen verschwand er wieder hinter seiner Theke. Wir dachten erst, wir hätten 'ne Erscheinung gehabt und konnten uns ein herzhaftes Lachen nicht verkneifen. Ein Schluck Kaffee, den Käse um eine dicke Scheibe entlastet, so begannen wir. Noch 'ne Schnitte mit Marmelade und noch einen Schluck Kaffee. Es schmeckte.

Wieder lautes Gelächter. Die Holländer wollten mit Pepe ein Foto hinter der Theke machen und baten mich um Übernahme des Fotodienstes. Laut lachend und eng mit Pepe umschlungen, der Schnappschuss dürfte wohl die Eingangskriterien für das Familienalbum bestanden haben. Der Holländer fragte uns, ob er uns fotografieren solle. Noch bevor wir »ja« sagen konnten, reichte uns Pepe seine Hände und zog uns fast über die Theke, was im Zweifel besser gewesen wäre. Dann hätten wir nämlich weniger von dem Chaos hinter der Theke mitbekommen. So mussten wir noch den Umweg hinten herum nehmen. Unsere Blicke streiften Berge von ungewaschenem Geschirr mit Essensresten, Plastiktüten, leere Flaschen. Müll ohne Ende, hier herrschte grenzenloses Chaos! Unser Appetit reduzierte sich schlagartig auf die unterste Stufe von Appetitlosigkeit. Mit Verlaub, wir würden nicht so großzügig mit einer Besuchserlaubnis hinter der Theke umgehen. Aber Pepe sah das nicht so eng. Als Frohnatur geboren, lachte er lieber eine Runde mehr als üblich, spielte lieber den Clown für seine Gäste und hatte infolgedessen weniger Zeit zum Spülen.

Trotz der freundlichen Armumschlingung, ein ungezwungenes Foto-Lächeln sieht anders aus. Wie dem auch sei, das Foto fanden wir letztendlich recht gelungen.

Eine junge Holländerin kam herein und bestellte ein Frühstück. Pepe marschierte zur Theke, kam mit einer Tasse Kaffee und einer meterlangen Baguette-Stange zurück. Pepe lachte sich halb kaputt, als er die Holländerin aufforderte, sich ein Stück abzubrechen. Die etwas verschüchterte Pilgerin wusste nicht so recht, wie sie mit der Situation umgehen sollte, entschied sich dann doch für ein gequältes Lächeln.

Mit einem Wangenkuss wurden wir von Pepe verabschiedet, was wir inzwischen als Selbstverständlichkeit erachteten. Wo sonst auf dem Jakobsweg wird man ungefragt so oft geküsst wie in dieser höchst sonderlichen Bar?

Wir zogen los. Hinter der Stiftskirche von Iria Flavia standen wir plötzlich vor einem Bahndamm. »Das kann nicht wahr sein! Das gibt's doch nicht!«, dachte ich im ersten Augenblick. Ungläubig machten wir Halt. Die gelben Pfeile zeigten unmissverständlich über ein ungesichertes Bahngleis. Keine gewohnte Wegführung, durch den Schotter ging es schnurstracks über den offensichtlich wenig befahrenen Schienenstrang. Ein Blick nach links, dann nach rechts und schwuppdiwupp huschten wir rasch über die Schienen.

Kaum zu glauben: Der Weg führt ungesichert über den Schienenstrang

Nach 4 Kilometern erreichten wir das kleine Dorf Tarrio. Schon gleich am Anfang fallen einige sehr gut erhaltene Hórreos auf. Nirgendwo sonst auf dem Jakobsweg erlebt man eine so verdichtete Hórreo-Meile wie hier. Vier prächtige Kornspeicher, einer schöner als der andere, präsentieren sich in einem Zirkel von 50 Metern. Einer trug die Jahreszahl 1907.

Der Weg marterte uns mal wieder mit kurzen An- und Abstiegen, worauf Andreas rechter Fuß gleich eine formgerechte Protestnote abgab. Erneut heftige Schmerzen! Wie ein ansteckender Fuß-zu-Fuß-Virus, der mal eben bei mir vorbeischauen wollte, pflanzte sich der Erreger fort. Auch mein rechtes Bein bereitete mir zunehmend Probleme. Im unteren Schienbeinbereich spielte eine gereizte Sehne nicht mehr mit. Sie behinderte mich fortwährend. Leicht humpelnd setzten wir die Wanderung als Invaliden-Duo im verschärften Schneckentempo fort.

Vor einem Haus lag ein Hund zusammengekauert in einem Straßengraben. Schlecht erging es ihm wohl nicht, er hatte es sich auf seine Art gemütlich gemacht. Gleichgültig blickte er uns hinterher.

Meilenstein und Wegzeichen: noch 15 Kilometer bis Santiago

Etwa 5 Kilometer vor Santiago führte der Pfad leicht abschüssig durch ein schönes Waldgebiet. Ich pflückte mir einen kleinen Eichenzweig und schmückte meinen Hut damit. Eine spontane Reaktion, ohne Einschaltung von Gehirnschmalz. Als wir weitergingen, kam ich ins Grübeln. Was bedeutet das Tragen von Eichenlaub? Welche Außenwirkung strahle ich damit aus? Ich wurde nachdenklich. Nicht im leisesten Sinne wollte ich hiermit ein politisches Symbol setzen. Wenn überhaupt, sollte es ein inneres Zeichen der Standhaftigkeit, des nicht Aufgebens sein. Mit in Spanien gewachsenem Eichenlaub auf dem Haupt, als weltoffener Pilger in Santiago einlaufen, das wollte ich, hierdurch ein friedliches Zeichen für meine europäische Verbundenheit setzen, und nichts anderes.

Die Silhouette von Santiago kam peu à peu zum Vorschein. Das ersehnte Ziel lag uns bald zu Füßen. Voller Ehrfurcht blickten wir aus kilometerweiter Entfernung auf die Stadt. Was für ein Kick für unsere Gefühlswelt! Die Strapazen gerieten in Vergessenheit, sie wichen einem Anfall von ungetrübter Freude und Erleichterung.

Die Beschwerden unserer Füße passten überhaupt nicht in dieses Szenario. Die Schmerzen waren ständig präsent und leider nicht per Knopfdruck abschaltbar. Wir bissen heftig auf die Zähne bzw. Zahnkronen. Wenn überhaupt, dann dürften sie in Santiago – und nicht jetzt – zum Pflegefall werden. Nur noch vom Willen getrieben marschierten wir weiter.

Nach einem Kreisverkehr, vorbei an einem Krankenhaus, ging es mal wieder steil bergauf. »Eigentlich könnte ich gleich hier bleiben«, frotzelte Andrea und schob sich gleich noch eine Schmerztablette rein. Wir passierten die ersten Vorortbereiche und atmeten bewusst die Santiago-Luft. Sie war irgendwie anders, vielleicht ein wenig mystischer, an manchen Stellen, insbesondere an den breiten Hauptstraßen, auch ein bisschen miefiger.

Die gelben Pfeile waren verschwunden. Sie hatten sich schon seit längerer Zeit einer Tarnkappenbehandlung unterzogen, waren untergetaucht, warum auch immer? Das Altstadtzentrum aus südwestlicher Richtung im Visier, humpelten wir zielstrebig vorwärts. Erster Anlaufpunkt war das Touristenbüro in der Rúa do Vilar. Bevor wir das Büro betraten, fiel mir das Nachbargebäude mit dem

Hostal Suso auf. Die freundliche, Deutsch sprechende Señora konnte uns einige Adressen anbieten, doch im Hinblick auf die Entfernung sagte uns keine Unterkunft so richtig zu. Warum in die Ferne schweifen, wenn die Lösung idealerweise nahe ist? Wir fragten nebenan im Hostal nach – und hatten Glück. Ein ruhiges Zimmer hatte gerade einen Suchauftrag nach zwei seriösen Pilgererscheinungen ausgerufen. Das einfache, saubere Doppelzimmer gefiel uns auf Anhieb. Strategisch eine überragende Lösung. Die zentrale Lage verschaffte uns, insbesondere in Anbetracht unserer Beschwerden, einen schnellen Zugang zu allen wichtigen Sehenswürdigkeiten.

Frisch geduscht stiegen wir die Treppen aus der 3. Etage herab. Am Ausgang liefen wir hocherfreut fast Moni und Ursula in die Arme. Sie hatten hier ebenfalls ein Zimmer geordert. Es ist schon kurios, man trifft sich, ohne verabredet zu sein, oftmals wieder und sei es am Ziel, in Santiago! Ein Phänomen! Als Kavalier alter Schule und kommissarisch ernannter Page trug ich den sichtlich abgekämpften Pilgerdamen ihre Rucksäcke bis in die 4. Etage.

Auf die Schnelle besorgten wir in einem Geschäft Wasser, eine große gekühlte Flasche Sekt und einige Becher. Schließlich wollten wir unsere Ankunft beim um 19 Uhr stattfindenden Pilgertreffen gebührend feiern. Gemeinsam mit Moni und Ursula liefen wir dann zum Praza do Obradoiro, dem pulsierenden Vorplatz der Kathedrale, und waren von ihrer Größe und Ausstrahlung fasziniert. Leider war der linke Turm der Westfassade eingerüstet und verhüllt. Präsentierte hier Christo, der Verhüllungs-Künstler, gerade sein neues Werk oder führten bauliche Veränderungen zu der Einkleidungsmaßnahme? Das Letztere trifft wohl zu!

Irgendwie ist es ein ganz anderes Gefühl, ob man in Köln vor dem Dom steht oder vor der Kathedrale in Santiago. Beide besitzen eine herausragende Architektur, aber nur die Kathedrale von Santiago de Compostela verfügt über diese einzigartige, überlegene, unvergleichliche, majestätische Würde. Wir gingen kurz hinein um Jakobus zu begrüßen und ihm von unserer Ankunft zu berichten.

Auf der Südtreppe trafen wir uns dann, die vielen Weggefährten von unterwegs, wieder: Julia aus Innsbruck, der wir erstmalig in

Lavra auf dem Campingplatz begegneten, Jana mit ihrer Freundin aus Porto, die wir bei der Feuerzangenbowle in der Herberge von Rates kennenlernten, Michel mit seiner Frau, das ältere französische Ehepaar, das wir hinter Tui trafen, die beiden portugiesischen Freunde, mit denen wir in der Herberge von Ponte de Lima übernachteten. Sie alle waren gekommen, um ihre erfolgreiche Wanderung ein wenig zu feiern, um sich ganz ungezwungen auszutauschen, um sich miteinander zu freuen! Hier entwickelte sich ein ganz besonderer Akt der friedvollen länderübergreifenden Völkerverständigung! Gegenseitig gratulierten und herzten wir uns, feierten mit reichlich Sekt und Vino tinto, dem tiefroten Blut des Camino.

Die große Pilgerfamilie von unterwegs auf der Südtreppe der Kathedrale

In Feierlaune kehrten wir anschließend in eine Bar ein. Von guten Gedanken gesponsert, liefen wir am späten Abend Arm in Arm, an unzähligen Souvenirläden vorbei, zum Hostal zurück. Ein Wunsch begleitete uns noch: schlafen. Ganz tief und erholsam. Und wieder mit gesunden Füßen aufwachen!

14
Pilger-Visite
Santiago de Compostela, 6. Mai

Manchmal spiegelt ein einziges Kunstwerk den Charakter einer ganzen Stadt wider. Als Symbol der Pilgermetropole beeindruckt die Kathedrale von Santiago mit ihrer unerschöpflichen Tiefe sakraler Kunst und atemberaubender Schönheit seit Jahrhunderten die Menschheit. Als Meisterwerk von ihren Erbauern geschaffen, trägt sie eine Fülle von geheimnisvollen Details in sich, deren Interpretation den früheren wie auch neuzeitlichen Pilgern wichtige Erkenntnisse vermittelt.

In dieser Kirche leben das Licht, der Klang und der Stein in magischer Symbiose miteinander. Jedes dieser Elemente durchdringt, formt und lebt im Wesen des anderen. Ihre Wände geben unentwegt den Gesang, die Stimmen wieder, die sie in der Vergangenheit aufgesogen haben, durch Jahrhunderte hindurch.

Die Kathedrale ist wie auch andere Kirchen ein Beleg tellurischer Energie. Ihre genaue Position wurde von der Umgebung der Sonne und der kosmischen Kräfte beeinflusst. Die weisen Baumeister des Mittelalters besaßen spezielle Kenntnisse über den Einfluss von Energie und versuchten die kosmischen Kräfte einzubinden, ja, sie regelrecht anzuzapfen. In architektonische Proportionen und stimmige Maße übertragen, wird diese Energie durch Wasseradern multipliziert. In entspannter Sitzposition auf den Bänken, mit geschlossenen Augen und ausgebreiten Händen, lässt sich die vibrierende Energie an einigen Stellen in der Kathedrale nachempfinden. Bei voller Konzentration spürt man ein mitunter starkes Kribbeln in den Fingerspitzen oder gar im ganzen Körper.

Wir wachten auf. Tief und fest hatten wir wie die Murmeltiere geschlafen. Aber schon der Gang zur Toilette offenbarte die ernüchternde Realität: Unser Gehzentrum war zum Pflegefall geworden, die erhoffte Besserung nicht eingetreten.

Nüchtern humpelten wir zum Pilgerbüro, unterzogen uns dabei einem Exerzitium der Langsamkeit. Als wir um 8.20 Uhr eintraten, wurden wir fast mit Handschlag begrüßt. Gähnende Leere. Wir waren die Ersten. Offensichtlich lagen die vielen Pilger nach der strapaziösen Wanderung noch in den Betten oder waren noch unterwegs. Wir zückten unsere Pilgerpässe. Die junge Señora warf einen flüchtigen Blick auf die Stempel und legte uns einen Fragebogen vor, auf dem wir den Grund unserer Wanderung ankreuzen sollten. Ohne weitere Kontrolle fing sie gleich an, unsere Daten einzugeben und unsere Compostelas auszustellen. Wahrscheinlich besaß sie tiefgründige Fähigkeiten, die es ihr ermöglichten, unsere Redlichkeit aus unseren untrüglichen Augen abzulesen.

Der Computer spuckte erneut meinen von mir wenig geschätzten lateinischen Vornamen »Theodemarum« aus. Das hatte er schon in 2011 getan, als ich den Spanischen Jakobsweg bewanderte. Andrea hieß in Latein namensähnlich »Andream«. Ja, stolz waren wir, aber für mich war es irgendwie anders, nicht so wie vor 3 Jahren, als ich beim Empfang meiner Pilgerurkunde eine Art von Ritterschlag verspürte.

Die Urkunden in einer stabilen Papprolle verstaut, liefen wir die wenigen Meter zu unserer Pension zurück und frühstückten ausgiebig in der angeschlossenen Bar.

Im inzwischen gewohnten Humpelschritt liefen wir anschließend zur Kathedrale, die uns erneut magisch anzog. Wie ein funkelnder Juwel lag sie vor uns. Erste Station war die Statue vom Heiligen Jakobus, ein Werk von Maestro Mateo. Stark abgegriffen, wurde das Original vor einigen Jahren gegen eine Kopie ausgetauscht. Voller Ehrfurcht stiegen wir die Steintreppe hinter dem Altar hinauf, umarmten und küssten innig unser Idol. Für uns beide war es ein sehr beglückender, symbolträchtiger Moment.

Durch die Umarmung gilt die Pilgerreise allgemein als beendet. Nach der Liebkosung steigt man zur Krypta hinab, der Wurzel des Pilgerweges. So bestimmt es die Tradition, auch das Herz will es so. Auch wenn nicht endgültig erwiesen, da lagen sie, die Gebeine des Apostels Jakobus und seiner Schüler Teodoro und Atanasio, eingebettet in einem silbernen Schrein.

Silberner Sarg des Apostels Jakobus

Wir besorgten uns danach einen Audio-Guide und setzten uns in die 3. Reihe der Holzbänke vor dem Altar des Hauptschiffes, um aufmerksam den Worten zu lauschen. Die bevorzugte Lage glich einer Pool-Position, aus der es sich gezielt beobachten ließ.

Der sich vor mir aufragende Hochaltar fixierte eine Zeit lang meine Blicke. Nicht zu übersehen ist die polychromierte Steinfigur des sitzenden Apostels, der im Pilgergewand mit Pilgerstab wie ein Wächter über dem Barock-Altar thront. Überspannt von dem prächtigen Baldachin, der von Engelsfiguren getragen wird, findet sich oberhalb eine weitere Apostelfigur. Während hier Jakobus, auf einem Streitross sitzend, mit erhobenem Schwert im Kampf gegen die Mauren dargestellt wird, wird er in einer Nische links im Seitenschiff, ebenfalls mit Schwert auf einem Pferd reitend, als heroischer Maurentöter verherrlicht. Die abgeschlagenen Köpfe werden neuerdings von einer Pflanzenbank verdeckt. Anscheinend wertet die Kirche den öffentlichen Anblick von rollenden Häuptern, auch der aktuellen Weltsituation geschuldet, als Problem.

Die Fülle der Informationen aus dem Audio-Guide verlangte nach einer Pause. Ich legte das telefonähnliche Gerät an die Seite und warf einen Blick in die Weite des Kirchenschiffes. Ich beobachtete die Leute, wie sie hereinströmten. Manche wenden die Augen nach oben, drehen dann den Kopf nach rechts und links, manche bleiben mit Reiseführern in der Hand an jedem Kunstwerk stehen, andere fotografieren wild um sich, wieder andere setzen sich in stiller Bewunderung hin und manche knien für einen Augenblick zur inneren Sammlung nieder. Pilger und Touristen vermengen sich eher heterogen miteinander.

Die Besucherscharen erzeugen eine störende Unruhe. Insbesondere die zahlreichen Besuchergruppen mit ihren Fähnchen hoch haltenden Touristenführern tragen zu einer unangemessenen Geräuschkulisse bei. Pietät sieht anders aus. Um es auf den Punkt zu bringen: Die ständige Fluktuation stört, sie stört das Ruhebedürfnis der anwesenden Menschen, es stört die Nachdenklichen, es stört die Betenden, es stört die Sinnierenden. Auch Jakobus dürfte die respektlose Betriebsamkeit nicht gefallen.

Eine der großen Attraktionen in der Kathedrale: der Botafumeiro

Ich betrachtete die Kuppel der Vierung. An den vier großen Vierungspfeilern ist eine Vorrichtung mit einem System aus mehreren Flaschenzügen befestigt. Die gegenwärtige wurde 1851 hergestellt. Es handelt sich um ein Seilzugsystem, an dem der berühmte Botafumeiro, der 1,60 Meter hohe und 60 kg schwere Weihrauchkessel, befestigt ist, um mit raumgreifenden, majestätischen Pendelbewegungen in hoher Geschwindigkeit von Seitenschiff zu Seitenschiff zu pendeln.

Wir näherten uns dem Beginn der 12-Uhr-Messe. Alle Sitzplätze waren inzwischen belegt. Immer mehr Pilger strömten in die Kirche. Neben einer Säule entdeckte ich Jaszek, der eine Filmkamera in der Hand hielt. Er schien auf irgendetwas zu warten.

Kurz vor Beginn der Andacht erschien eine Nonne in schwarzer Ordenstracht und stimmte mit ihrer lieblichen Stimme die Menge gesanglich auf die bald stattfindende Messe ein.

Der Gottesdienst begann pünktlich. Der Organist haute kräftig in die Tasten, als die 6 Geistlichen und mehrere Messdiener den Altarraum feierlich betraten.

Ich setzte meine Brille ab und rieb mir die Augen. Ich setzte die Brille wieder auf. Es lag nicht an der Brille. Lag es etwa an meinen Augen? Ich schaute nochmal ganz genau hin. Durch die Gläser war meine Sehkraft absolut scharfgestellt. Also, Vorhang auf! Es war kein optischer Irrtum oder gar eine Fata Morgana. Vorne, im Altarbereich standen wahrhaftig Chris und Peter, die polnischen Brüder, im liturgischen Gewand. Ich stieß Andrea an, machte sie auf die Jungs aufmerksam. Wir waren beide perplex.

Natürlich nahmen wir die beiden im weiteren Verlauf in unser Augenmerk, stellten jede Handlung unter besondere Beobachtung. Wir waren schier begeistert. Der Filmkamera von Vater Jaszek entging nichts. Mit einem stolzerfüllten Lächeln in seinen Mundwinkeln, leicht an einer Säule angelehnt, filmte er ununterbrochen die Aktivitäten seiner Söhne. Was mag wohl in ihm vorgegangen sein? Als gläubiger Katholik fühlte er sich bestimmt wie im 7. Himmel. Die eigenen Söhne als Diener des Herrn, nur wenige Meter von der Krypta des Heiligen Jakobus entfernt, während einer Pilgermesse an diesem bedeutenden Ort erleben zu dürfen, löst unwillkürlich Endorphine und Vaterfreuden ohne Ende aus.

Die ergreifende Messe erzeugte in mir ein tiefes Glücksgefühl. Von der Atmosphäre beeindruckt, verschmolzen sich mein Herz, meine Seele und mein Körper zu einer glücklichen Einheit. Die Nonne mit ihrer engelsgleichen Stimme sang voller Anmut. Ihr Gesang war die wohldosierte Würze in der liturgischen Darbietung.

Die Zeremonie der Kommunion folgte. Wir reihten uns in die lange Schlange der Empfangenden ein. Der Priester übergab mir die Hostie. Neben ihm stand assistierend Chris, um bei Bedarf ein weiteres gefülltes Hostiengefäß zu überreichen. Flüchtig blickten wir uns an. Ich hatte den Eindruck, dass er mich erkannt hatte.

Gerührt vertiefte ich mich in besinnliche Gebete, dankte meinem Schöpfer für meine robuste Gesundheit, unsere erfolgreiche Wanderung, für die gemeinsamen Momente des Glücks, für die Begegnung mit den vielen interessanten Menschen und die wunderbaren Erlebnisse unterwegs.

Mit dem Erscheinen von 8 Mönchen kündigte sich das berühmte Weihrauchspektakel an.

Im Mittelalter waren die hygienischen Verhältnisse auch für die Pilger mittelalterlich, um nicht zu sagen katastrophal. Gepuderte Haut oder eine elegante Föhnfrisur blieben auf der Strecke. Spätestens am Ende rochen alle Pilger gleich. Das brachte die Erfinder des Weihrauchfasses auf den Plan. Mit Geschick schufen sie ein ausgeklügeltes Seilzugsystem mit einem kunstvollen Groß-Kessel, der mit Weihrauch gefüllt, rund 100 kg wiegt. Durch das schwungvolle Pendeln verteilen sich die quellenden Düfte des Weihrauches insbesondere im Altarraum und in den Seitenschiffen. Auf diese Weise wurden die strengen Schweißgerüche der Pilger einigermaßen wirkungsvoll neutralisiert.

Was in grauer Vorzeit noch Mittel zum Zweck war, ist heutzutage reine Schau. Gegen eine Spende von rund 300 Euro kann das Spektakel auch vor oder nach der Messe nach Voranmeldung privat geordert werden.

Die mit einer braunen Kutte bekleideten Mönche ließen das Weihrauchfass herab. Die Glut wurde nun entfacht. Während einer von Ihnen es mit einem Anlauf in Schwung brachte, zerrten die anderen mit ruckartigen Bewegungen solange an den Seilen bis der Botafumeiro in kräftige Pendelbewegungen verfiel. In der Spitze sollen 100 km/h erreicht werden. Zu Hunderten rissen die Menschen entzückt ihre Fotoapparate hoch, um das Spektakel für die Lieben daheim festzuhalten. Akustisch durch den lieblichen Gesang der Nonne und kräftiger Orgelmusik begleitet, endete die mitreißende Vorführung nach knapp 4 Minuten. Viele der Anwesenden klatschten. Aus den Gesichtern war pure Freude abzulesen.

Die Messe war vorbei und wir nahmen den Ausgang zum Obradoiro-Platz. Zusammen mit Moni, Ursula und weiteren Pilgern zogen wir zur Rúa do Vilar, wo wir in einem schönen Restaurant büfettmäßig für 9 Euro speisen konnten. »All you can eat« hieß hier das Motto. Manche nahmen die Einladung wörtlich und waren Dauergäste an den lang gezogenen Speisetheken.

Mit dicken Bäuchen verließen wir das Lokal und trennten uns zunächst von der Gruppe. Karten schreiben und der Kauf von Souvenirs standen noch auf dem Programm.

Um 19 Uhr trafen wir uns alle zum Pilgertreffen vor dem Nordportal der Kathedrale wieder. Von Mai bis Oktober lädt die Deutsche Bischofskonferenz in Zusammenarbeit mit der Diözese Rottenburg-Stuttgart täglich zu einem Rundgang ein. Ein pensionierter Lehrer mit einem reichhaltigen Fundus an Wissen ermöglichte uns unbekannte Einblicke in die vielen Geheimnisse und religiösen Botschaften der äußeren Fassadengestaltung.

Zu unserer großen Freude trafen wir auch die polnische Pilgerfamilie aus Kattowitz wieder. Chris gesellte sich zu der Gruppe und nahm an der Führung teil. »Ich habe heute in der Pilgermesse einen Messdiener gesehen, der dir sehr ähnlich sah«, bemerkte ich spitzbübisch. Chris grinste. »Erzähl mal, wie bist du auf die Idee gekommen?«, setzte ich nach. »Ach, wir haben zunächst im Pilgerbüro nachgefragt. Die hatten keine Ahnung und verwiesen uns an die Sakristei. Einem Priester erzählten wir, dass wir Messdiener seien und gerne im Gottesdienst dienen würden. Meine Eltern, mein Bruder und ich waren überglücklich, als er nickte.« Ich wollte es genauer wissen. »Wie habt ihr euch als Messdiener legitimiert?«, bohrte ich nach. »Wir mussten unsere Messdienerausweise zeigen, meinte Chris. »Warst du während der Messe nicht nervös?«, wollte ich noch wissen. »Doch, ein wenig schon, die Abläufe sind aber fast gleich gewesen und so haben wir keine Fehler gemacht«, meinte er selbstzufrieden. Ich war immer noch neugierig. »Was bedeutet dir diese besondere Dienerschaft?«»Da vorne als Ministrant vor den vielen Menschen zu stehen und mitwirken zu dürfen, macht mich überglücklich. Diese Messe wird für mich und meine Familie unvergesslich bleiben.«

Wir schlenderten langsam zum Südportal. An der verschlossenen Heiligen Pforte machten wir Halt. Das weltberühmte Tor wird nur in den Heiligen Compostelanischen Jahren geöffnet. Zuletzt war dies im Jahr 2010 der Fall. Pilger, die es demnächst durchschreiten möchten, müssen sich noch bis 2021 gedulden.

Ich habe keine Zeit! Eine Phrase, die wir nur allzu gern im täglichen Leben strapazieren. Sie ist die wohl weitverbreiteste und schlechteste Ausrede die es gibt. Und doch! Wir hetzen, arbeiten, planen und wünschen uns dabei nichts sehnlicher als Zeit für Ruhe und Muße. Natürlich gibt es Menschen, die keine Zeit haben, wie hochrangige Manager oder die Bundeskanzlerin. Aber die unterliegen einer besonderen Funktion und sind am Ende eines Tages sicherlich froh, noch Zeit für ein paar Stunden Schlaf zu finden.

Die Uhr hoch oben auf dem Kirchturm neben der Heiligen Pforte spricht ihre eigene Sprache. Sie besitzt nur einen Stundenzeiger. Minutenzeiger sucht man vergebens. Der Uhrmacher war ein kluger Mann, war seiner Zeit weit voraus. Er oder seine Auftraggeber wollten ein Zeichen setzen und eine Botschaft vermitteln: »Zeit ist ein kostbares Gut! Nimm dir Zeit für dein Leben, lebe bewusst, gönne dir Pausen oder Auszeiten, genieße die schönen Momente, takte deinen Tag planvoll und verbanne die Eile aus deinem Alltag.« Wie recht er hat! Und wie gut, dass es den Jakobsweg gibt! Eile ist auf dem Weg ein ganz schlechter Begleiter. Langsamkeit wird dagegen belohnt. Nur der Langsame sieht den perlenden Tau auf den Grashalmen, riecht an den duftenden Blumen, genießt das Rauschen der quellenden Bäche und verharrt bei den Lauten

Die Uhr mit Stundenzeiger am Südportal

der Tierwelt. Mindestens einmal am Tag für 15 Minuten nur halb so schnell wie sonst zu gehen, ist eine wunderbare Therapie, um Fauna und Flora mit der Lupe zu betrachten und sich dabei herrlich zu entschleunigen.

Wir gingen zum Obradoiro-Platz und standen erneut vor »der Ansichtskarte« der Barockfassade. Natürlich blickten alle Anwesenden wieder gebannt auf die Türme. Dabei wäre ein Blick auf die Pflasterung des Vorplatzes auch interessant gewesen. Unser kundiger Lehrer machte uns auf eine Steinplatte aufmerksam, auf der das Datum der Ernennung des Spanischen Jakobsweges zur Kulturstraße Europas eingemeißelt war.

Steinplatte auf dem Obradoiro-Platz

Die Führung war beendet. Die Sonne verschwand langsam hinter einer Häuserzeile und parallel dazu neigte sich auch unsere Reise mit großen Schritten dem Ende entgegen. Noch einmal schweiften unsere abschiedsnehmenden Blicke hin zur Kathedrale.

Zusammen mit Moni, Ursula und anderen Pilgern suchten wir noch den Gewölbekeller eines Weinlokals auf, um mit Brot, Chorizo, Käse und Wein, viel Wein, den letzten Abend gebührend ausklingen zu lassen.

15
Die Heimreise
Santiago de Compostela – Düsseldorf, 7. Mai

Abrupt wurden wir vom Wecker aus dem Schlaf gerissen. Es war noch keine 6 Uhr. Andrea sprang sofort auf. Dazu war ich noch nicht in der Lage. Ich brauche morgens Anlauf, viel Anlauf, um auf Geschwindigkeit zu kommen. Manchmal benötige ich Stunden um mich wie ein gerade eingeschalteter Computer auf Betriebstemperatur zu bringen. Wenn es ganz schlecht läuft, dann habe ich den ganzen Tag »Mattscheibe«. Kaffee hilft an solchen Tagen. Das Koffein putzt dann ein kleines Sichtfenster auf meiner Mattscheibe frei.

Heute ging's. Die Gedanken an den Flieger und die damit verbundene Pünktlichkeit setzten mich sofort unter Strom. Jetzt brauchte ich zur weiteren Unterstützung nur noch körpereigenes Kortison. Andrea kam aus dem Badezimmer. Und ich kehrte ein. Dusche aufgedreht, zunächst warm, dann kalt. So kalt es ging. Naja, eiskalt war sie nicht, aber durch das kalte Wasser spürte ich eine zusätzliche Belebung meiner körperlichen Verfassung.

Schnell noch die Rucksäcke geschnürt und auf ging's zur Bushaltestelle am Plaza Galizia. Der Bus sollte um 7 Uhr kommen, erschien aber erst 10 Minuten später. Auf dem Weg zum Flughafen passierten wir den Monte do Gozo. Die Anhöhe war mir noch in ganz besonderer Erinnerung, von dort bin ich in 2011 erstmalig zur Kathedrale gelaufen. Nach einer guten halben Stunde erreichten wir den Airport. Unser Flieger startete um 9.15 Uhr Richtung Barcelona. Mit einer weiteren Maschine flogen wir nach Düsseldorf, das wir um 14.30 Uhr erreichten.

Kurz vor der Landung reichten wir uns die Hände, schauten uns dabei tief in die Augen. Uns war bewusst, spätestens mit dem Aufsetzen des Flugzeuges auf der Landebahn, waren wir auch symbolisch wieder in unser normales Leben zurückgekehrt.

Nachwort

In alten Märchen ist oft von Sonntagskindern, die vom Glück verwöhnt wurden und Außergewöhnliches erleben, die Rede. Sonntagskindern ist es beispielsweise vergönnt, sich an historischen Orten aufzuhalten, die ganz besonders sind. Sie werden dann vom Schicksal liebevoll gestreichelt.

Andrea wurde sonntags geboren. Demnach war sie ein Glückskind. Hingegen erblickte ich an einem Freitag das Licht der Welt. War ich jetzt auf dem Papier kein Glückskind?

Wie fast alle Pilger waren wir auf der Suche. Wenn man aufbricht, um gemeinhin nach der eigenen Tiefe und dem Glück zu suchen, gibt es wohl am Ende die eine Erkenntnis: Das Glück liegt nicht irgendwo, es lässt sich gar nicht suchen. Die Suche aber kann durchaus glücklich machen.

Ja, wir waren nach unserer Lesart wahre Glückspilze. Wir hatten für zwei Wochen das Glück für uns gepachtet. Unsere Suche galt dem Mythos eines ganz besonderen Heiligen. Einen, der die Massen anzog, einen der treuesten Erfüllungsgehilfen von Jesus. Sich auf seinen Spuren bewegen zu dürfen, ihn zu finden, ihn dabei gefühlt im eigenen Rucksack mitzutragen, an seiner geistigen Umgebung zu schnuppern, auf wunderbare Menschen zu stoßen – gibt es eine bessere Bezeichnung als Glück?

Wir sind als einfache Pilger losgezogen, um in seine Welt vorzudringen. Auch Jakobus war aufgebrochen. Nicht etwa, um sich selbst zu erfahren. Er wollte seiner Bestimmung folgen und seinen eigenen Weg gehen. Er ist ausgezogen, um das Wort Gottes zu verbreiten und die Menschen davon zu überzeugen. Seit dem Tag seines heldenhaften Märtyrertodes ist er fortführend daran gehindert worden. Sein Tod gibt der Gewissheit Nahrung: Wenn er nicht gewesen wäre, gäbe es nicht den Jakobsweg. Sind wir also für seine Existenz, insbesondere für sein Wirken in Demut aufrichtig dankbar. Wenngleich seine Mission auf der iberischen Halbinsel nur bescheidene Erfolge überlieferte, sein Erbe, der Jakobsweg, rettete – und wird noch – die Seelen unendlich vieler Menschen retten.

Wie bereits gesagt, wir müssen dankbar sein. Sehr sogar. Obrigado Caminho Português. Worte, die »Danke Portugiesischer Jakobsweg« bedeuten. Danke, fünf Buchstaben, die Anerkennung ausdrücken, die Höflichkeit versprühen.

Auch persönlich möchte ich nicht innehalten, ich möchte meine Dankbarkeit in der mir gegebenen Individualität ausdrücken, in Worte fassen, an jemanden richten: an die Adresse des Caminho Português. Aber, was löst die La-Ola-Welle meiner tiefgründigen Dankbarkeit aus? Es ist die Summe dessen, was den Weg signifikant ausmacht: wunderschöne Landschaften, kulturelle Stätten, Begegnungen mit Natur und Menschen, Gastfreundschaft, Selbsterfahrung, Freude, kuriose Zufälle, göttliche Zuneigung. Lauter Geschenke. Es waren Facetten unserer Wanderung. Lebensperlen, die uns reicher machen, die uns Kraft spenden und Auftrieb geben.

Adiós Caminho Português, adiós Santiago, adiós Jakobus. Tschüss, bye-bye und adieu! Selbstverständlich ist die Einladungskarte für die nächste Wanderung schon gedruckt….

Das »Kuriositätenkabinett« der Fortbewegungsarten

Der Kreativität sind keine Grenzen gesetzt. Es gibt nichts, was es nicht gibt. Wirklich nicht! Als stinknormaler Pilger läuft man zu Fuß. Weil einem nichts Besseres einfällt und die Füße ja auch etwas von der Wanderung haben sollen.

Die Kreativen sind da viel einfallsreicher. Sie grübeln. Sie suchen nach etwas, worauf noch keiner gekommen ist.

Wie wär's denn mal, mit dem Trecker den Heiligen Jakobus zu besuchen? Tatsächlich traf ich im Jahr 2011 einen Treckerpilger, der mit seinem Monstrum, einem treckerähnlichen Zugwagen mit Anhänger, vom Züricher See nach Santiago pilgern wollte. Mit Tempo 20 km/h peilte er auf ausgesuchten Strecken sein Ziel an.

Als ganz schön schräg ist die Idee einzustufen, einen mit Rollen ausgestatteten Koffer hinter sich her zu ziehen. So geschehen auf dem Weg zwischen Santiago und Finisterre, ebenfalls in 2011.

Wie angenehm ist es dagegen, einen Kinderwagen mit dem 5-jährigen Enkelkind von Saint Jean bis zum Apostelgrab zu schieben. Die junggebliebenen Großeltern aus Erfurt begegneten mir in Obanos, der Schnittstelle zwischen dem Camino Francés und dem Aragonesischen Jakobsweg, während meiner Wanderung auf dem Aragon-Weg in 2014. Sie klagten über einen schweren Hagelschauer in den Pyrenäen, der sie fast zum Aufgeben zwang. Die tapfere kleine Enkeltochter hatte das Unwetter mit runtergezogener Plastik-Jalousie wie in einem fahrenden Zelt gut überstanden. Unglücklich schien sie nicht zu sein. Mit dem Teddy im Arm fühlte sie sich in dem zusätzlich mit Taschen gefüllten, vom agilen Opa geschobenen, rollenden Gemach sichtlich wohl.

Denjenigen, die rückenbedingt keinen Rucksack schultern können, sei eine Erfindung eines Deutschen anempfohlen, der seinen zweirädrigen Handwagen in einem selbst konstruierten Zuggeschirr hinter sich her zerrte. Als Räderwerk diente ihm eine ausrangierte Achse eines Kinderwagens von einem Schrottplatz.

Auch Rollstuhlfahrer trifft man gelegentlich auf den Wegen. Sie plagen sich aufopferungsvoll unter erschwerten Bedingungen im Handbetrieb über die Strecke. Für mich die wahren Helden.

Pilger, die mit dem Pferd, Esel oder Fahrrad unterwegs sind, erscheinen in dieser Aufzählung geradezu langweilig.

Kommen wir zum erweiterten Kreis des »Kuriositätenkabinetts«. Einen zweibeinigen »Lastesel«, der mit seiner Freundin unterwegs war, lernte ich in der österreichischen Herberge von Los Arcos kennen. Mit den beiden lief ich einige Etappen zusammen. Dem Drang nach Camping und Freiheit war es geschuldet, dass der Wiener klaglos mal eben einen Monsterrucksack mit einem nicht vergnügungssteuerpflichtigen Gewicht von 24 Kilogramm über die 800 Kilometer lange Strecke des Camino schleppte.

Rennend über den Jakobsweg. Unmöglich? Nein, geht doch! Den sportlichen Pilger traf ich in der Meseta. Mit seinem Leichtrucksack wollte er bis nach Santiago joggen.

»Manche Pilger rennen wie die Hasen, wenn sie an dir vorüber rasen«. Dem Reim zu Ehren überholte mich ein ganz ambitionierter Rennläufer kurz hinter dem Örtchen Ribadiso de Baixo. Vor dem Monte do Gozo, dem Berg der Freude, ging ihm dann die Puste aus. Er humpelte völlig erschöpft und tief gezeichnet im Schneckentempo vor mir her. Streben nach Freude dürfte anders aussehen! Man möge es mir nachsehen, aber ein breites Grinsen konnte ich mir nicht verkneifen, als ich wieder an ihm vorbeizog.

Skilehrer sind bekanntlich konditionsstark und ausdauernd. Aufgetankt mit frischen Kräften aus der beneidenswerten Heimat, der schönen Bergwelt des Grödnertals, spulte der zähe Wintersportler jeden Tag seine 60 bis 70 Kilometer ab. Innerhalb von 2 Wochen wollte er im Eiltempo den kompletten Spanischen Jakobsweg bewandern. Aber, sind Eile und Rekordläufe eine wirklich gute Idee?

Ja, es gibt sie, die Ehrgeizigen, die Kreativen, die Rekordeiferer, die Tüftler, die Verrückten. Sie alle zusammen sind ein Stück der gängigen Camino-Welt, bunte Farbkleckse im Sammelbecken der Pilgermassen.

Nützliches, Wissenswertes über den Camino

Was macht den Jakobsweg so faszinierend?

Wohl jeder besitzt die Sehnsucht, irgendwann einmal dem hektisch gewordenen Alltag und der alle Kräfte überfordernden Komplexität des Lebens zu entfliehen, sich zu entschleunigen und in extremen Situationen selbst zu erfahren. Wo sonst, als auf dem Jakobsweg, findet man idealere Rahmenbedingungen dazu?

In der Summe machen nicht der Jakobsweg an sich, sondern die Menschen, die auf ihn wandern, die Besonderheit dieses Pilgerweges aus. Für die meisten ist er eine Erfahrung, die sie ihr ganzes Leben nicht vergessen werden. Das Eintauchen in Kultur und Geschichte, die vielen Begegnungen und die daraus resultierende Kommunikation mit Pilgern aus allen Erdteilen sind mit nichts zu vergleichen. Der Erzbischof von Santiago de Compostela, Don Julian Barrio, sagte unlängst trefflich und nicht umsonst, »Hier geschehen jeden Tag viele Wunder.« Damit meint er nicht etwaige spektakuläre Ereignisse, sondern die ganz persönlichen Richtungsänderungen und Wandlungen, die einige Menschen erfahren und neu beginnen lassen.

Der Jakobsweg belohnt nicht erst am Ende, sondern von Anfang an und fortlaufend während der ganzen Reise. Genau genommen ist er ein Eroberungsinstrument, um den Südpol unserer Herzen dauerhaft einzunehmen.

Welche körperlichen Voraussetzungen sind erforderlich?

Unterwegs lernt man schnell sich und seine Grenzen kennen und muss sie möglicherweise korrigieren. Sportlichkeit ist sicherlich von Nutzen, aber keineswegs von elementarer Bedeutung. Sportlich veranlagte Pilger laufen oftmals schneller und schaffen einige Kilometer mehr am Tag. Aber auch weniger sportliche, untersetzte oder übergewichtige Pilger schaffen ihr Pensum. Die wesentlichen Grundvoraussetzungen sind ein starker Wille, Ausdauer, eine physische Grundfitness und die Bereitschaft, sich auch mal zu quälen.

Wie kann man sich gegen Blasen schützen?

Blasen gehören zu den größten Feinden des Wanderers. Sie von Anfang an zu vermeiden, sollte das unbedingte Ziel sein. Von überaus großer Bedeutung ist das Schuhwerk. Gute, eingelaufene Wanderschuhe lassen Blasen erst gar nicht entstehen. Sobald sich eine Reibung, an welcher Stelle auch immer, bemerkbar macht, sollte sofort ein passendes Blasenpflaster eingesetzt werden.

Vorbeugung ist besser als Nachsorge! Einmal entstandene Blasen sind eine absolute Pein und können das Wandern erheblich beeinträchtigen oder im schlimmsten Fall auch verhindern. Sollten sich die Blasen in Ermangelung einer nicht sterilen Erstversorgung entzünden, ist ärztliche Hilfe erforderlich. Als sehr nützlich erweist sich das regelmäßige Eincremen der Füße nach dem Duschen mit Hirschtalgcreme. Die Haut wird und bleibt durch die regelmäßige Anwendung sehr geschmeidig und hält insofern auch mehr aus, ist strapazierfähiger.

Also, unbedingt genügend Blasenpflaster einpacken! Der Handel bietet Sortimentspackungen mit verschiedenen Pflastergrößen an.

Welches Schuhwerk ist zweckmäßig?

Oftmals wird in Fachgeschäften zu hohen Wanderschuhen geraten, was im Prinzip auch nicht falsch ist. Nicht ganz so hohe Trekkingschuhe sind aber eine bessere Idee. Ich rate dazu, auf Ergänzungsschuhe, nämlich gute, halt bietende und mit einem tiefen Fußbett ausgestattete Sandalen, nicht zu verzichten. An heißen Tagen und auf ebenen Tagesetappen sind sie eine fußfreundliche Wohltat.

Welche Kleidung ist ratsam?

Grundsatz: Die Lagen-Bekleidung nach dem Zwiebelprinzip ist genau die richtige Taktik. Eine leichte Wanderhose, deren Hosenbeine durch einen Reißverschluss von der Hose getrennt werden können, ist ideal. Gute Wandersocken sind Pflicht. Eine Fleecejacke schützt vor Kälte und kann auch nachts als Ergänzung zur Decke oder zum Schlafsack genutzt werden. Von großer Bedeutung ist eine leichte, atmungsaktive, möglichst wasserdichte Trekkingjacke mit vielen Taschen und Reißverschlüssen. Als Unterwäsche bietet sich mindestens eine Garnitur Merino-Funktionsunterwäsche an, die sich besonders geruchsneutral verhält und sehr angenehm zu tragen ist. Ob man auf schnell trocknende Funktionsshirts zurückgreift oder die bewährten T-Shirts aus Baumwolle einpackt, ist eine Geschmacksfrage. Als Kopfbedeckung bietet sich ein Stroh- oder Wetterhut an. Für Regentage sollte ein großer Regenponcho, der auch den Rucksack überdeckt, mitgeführt werden.

Was ist beim Kauf eines Rucksacks zu beachten?

Die Frage des Rucksacks sollte hohe Priorität genießen. Maximales Vergnügen bereitet der Rucksack nur, wenn man mit einem wirklich guten Exemplar ausgestattet ist. Entscheidend ist nicht nur, dass er aus strapazierfähigen Materialien gefertigt wurde, sondern auch auf die eigenen Bedürfnisse zugeschnitten ist. Zweckmäßigkeit und Größe sind hier die wichtigen Stichwörter. Empfehlenswert für Männer sind Rucksäcke in einer Größenordnung von 50 Liter und für Frauen von 40 Liter. Das Eigengewicht sollte so gering wie möglich sein, denn jedes Gramm ist wichtig. Die Firmen Deuter (z.B. Modell Act Lite 50) und Osprey (z.B. Modell Atmos 50) stellen 50-Liter-Rucksäcke mit einem extrem geringen Eigengewicht von etwa 1.500 Gramm her. Wichtig ist auch die Funktion und genaue Einstellung der Riemen. Hier sollte man auf das Wissen eines Fachverkäufers zurückgreifen und sich einweisen lassen.

Wie schwer darf ein Rucksack sein?

Insbesondere das Gesamtgewicht des Rucksacks sollte einem strengen »Diätplan« unterliegen. Jedes mitzuführende Teil sollte überdacht werden und auf den Prüfstand kommen. Im Zweifel lieber ein Teil weniger mitnehmen. Die Packliste auf den Seiten 107 und 108 dürfte eine wichtige Planungshilfe sein. Zu bedenken ist auch, dass der Rucksack, morgens mit Proviant beladen, etwa zwei Kilogramm mehr als abends wiegen kann. Als Orientierungslimit (morgens) gilt: Männer max. 12 Kilo und Frauen eher 9 Kilo.

Welche Jahreszeit ist geeignet?

Der an der Atlantikküste vorbeiziehende Golfstrom begünstigt sowohl das Klima in Portugal als auch das in der Küstenregion Galiciens. Bei milden Temperaturen zwischen 10 und 15 Grad sind selbst Wanderungen in den Wintermonaten denkbar. Als beste Reisezeit erweist sich allgemein der Frühling oder der Spätsommer/ Herbst. Wer die Schönheit einer aufwachenden Natur erleben möchte, der wandert am besten im April oder Mai. Wer lieber duftendes Heu oder die bereits gereiften Weintrauben der zahlreichen Weinanbaugebiete schätzt, dem seien die Monate September oder Oktober zu empfehlen. Als Hauptwanderzeit gilt der Zeitraum von Juni bis September. Gerade in den Hochsommermonaten Juli und August sind viele Portugiesen und Spanier unterwegs. In diesen Monaten könnte es mit Blick auf die begrenzten Bettenkapazitäten auf manchen Etappenabschnitten zu Engpässen kommen.

Welche Unterkunft ist ideal?

Die persönliche Einstellung ist letztendlich entscheidend. Einige Pilger bevorzugen lieber eine organisierte Tour. Die Unterbringung erfolgt dann ausschließlich in Hotels und die Gepäckstücke werden etappenweise jeweils zum nächsten Hotel befördert. Eine Art von Pilgern deluxe. Viele Pilger meiden die Einfachheit und die Unbequemlichkeit der Herbergen – Stichwort Schlafsaal – und entscheiden sich generell für Hostals, Pensionen oder komfortablere Hotels. Der weitaus größte Teil der Pilger nutzt jedoch die Herbergen. Sie sind nicht nur Bauten von funktionaler und rationaler Einfachheit, sondern auch ideale Orte für Begegnungen, Austausch und Völkerverständigung. Mir persönlich machten größere Schlafsäle in den Herbergen am meisten zu schaffen. Ich besitze einen sehr sensiblen Schlaf und die Schnarcher, die sehr häufig in den Herbergen anzutreffen sind, können die verdiente und auch erforderliche Nachtruhe empfindlich stören. Ohropax hilft, aber unterdrückt ein Extremschnarchen nur marginal.

Wie viel Zeit sollte man einplanen?

Die gesamte Strecke des Caminho Português ab Porto umfasst rund 240 km. Für die gesamte Entfernung sollte man im Idealfall 12, im Minimalfall 10 Wandertage veranschlagen. Sowohl Porto als auch Santiago de Compostela sind hochgradig sehenswert und es wäre schade, diesen besonderen Städten weniger als einen vollen Tag Aufmerksamkeit zu schenken. Mit Besichtigungstagen, An- und Abreise wären 2 ½ Wochen der Idealfall. Insbesondere ältere Wanderer sollten individuelle Zeitfenster für Müdigkeit, Unwohlsein oder Krankheit berücksichtigen. Verweiltage in größeren Städten (z.B. Barcelos, Redondela oder Pontevedra) dienen der Entspannung und bieten dem Körper eine willkommene Erholungspause.

Wie lang sollten die Tagesetappen sein?

Seine Kräfte richtig einzuschätzen und sich nicht zu überschätzen bedeutet während der Wallfahrt eine große Herausforderung. Mitunter macht man die schmerzvolle Erfahrung, wie erschöpfbar die eigenen Ressourcen sein können.

Etappenziele kann man sich nicht erkaufen, man muss sie sich das ein oder andere Mal hart erarbeiten und bezahlt mit Anstrengung, Mühe und Schweiß. Umso wichtiger ist es, sich die tägliche Strecke richtig einzuteilen und seinen Körper nicht zu überfordern. Überforderung führt zu großer Erschöpfung und einer Übersäuerung der Muskeln. Der schmerzhafte und unangenehme Muskelkater kommt meistens am nächsten Tag unbarmherzig zum Vorschein. Aller Anfang ist schwer. Nach dem Motto »weniger ist mehr« sollten zu Beginn eher kleinere Etappen von 15 bis 20 Kilometer stehen. Nach etwa einer Woche hat sich der Körper an die Strapazen gewöhnt und entsprechende Muskeln aufgebaut. Dann kann die Laufdauer erhöht werden. 25 Kilometer am Tag dürften dann für die meisten kein Problem bedeuten. Die Laufgeschwindigkeit ist von der individuellen Laufkonstitution abhängig.

Sollte man alleine, zu zweit oder mit mehreren laufen?

Das persönliche Profil und die persönliche Einstellung sind letztendlich entscheidend. Auf meinen vielen Wanderungen auf verschiedenen Jakobswegen habe ich alle unterschiedlichen Laufformationen kennengelernt. Paare zählen eher zur Minderheit, sind aber auf dem Portugiesischen Jakobsweg häufiger anzutreffen. Auch Wandergruppen, die sich entweder von Anfang an kennen oder erst auf dem Weg kennenlernen, laufen einem über den Weg. Der weitaus größte Teil der Wanderer bevorzugt es, alleine zu gehen. Der spirituelle Genuss in Verbindung mit dem qualitativen Erlebnis in der Natur ist als Einzelwanderer aus eigener Erfahrung ungleich höher einzuschätzen als die Wanderung zu zweit oder zu dritt. Nur wer den Camino alleine geht, erfährt auch seine wohlbehüteten Geheimnisse!

Eines ist gewiss: Auch wenn man nicht zusammen läuft, man trifft sich meistens wieder, sei es auf dem Weg selbst oder in den Herbergen. Irgendwie gleicht die Pilgergemeinschaft auf dem gesamten Camino einer großen Familie.

Welche Kosten sind zu veranschlagen?

»Froh schlägt das Herz im Reisekittel, vorausgesetzt man hat die Mittel«, behauptet Wilhelm Busch. Recht hat er. Auch pilgern kann man nicht zum Nulltarif. Wer Enthaltsamkeit gelobt, kommt allerdings mit einem erstaunlich kleinen Budget zurecht. Pauschal sind bei dieser Lebensweise ca. 30 Euro pro Tag und pro Person zu kalkulieren. Die Preise in den Herbergen sind gering, sie pendeln zwischen 6 bis 10 Euro pro Übernachtung. Manche Herbergen bitten um eine freiwillige Spende. Ein dreigängiges Pilgermenü kostet etwa 8 bis 10 Euro. Für Frühstück, Obst, Wasser, ein wenig Tagesproviant und die Einkehr in Bars unterwegs sind rund 12 Euro täglich zu veranschlagen. Ein gutes Einzelzimmer kostet in einer Pension ca. 25 Euro, ein Doppelzimmer etwa 40 Euro.

Wie reist man an?

Als günstigstes und schnellstes Verkehrsmittel erweist sich das Flugzeug. Von jedem großen Flughafen in Deutschland aus führen Flüge nach Porto. Die Flugpreise richten sich nach den einzelnen Fluggesellschaften und können je nach Wochentag höchst unterschiedlich sein. Am teuersten sind Flüge am Wochenende.

Billigfluglinien (z. B. Ryan Air, Vueling, Air Berlin) liegen in ihrer Preisgestaltung meistens deutlich günstiger als Linienfluggesellschaften. Bei frühzeitiger Buchung sind für den Hinflug nach Porto (z.B. Düsseldorf/ Weeze-Porto mit Ryan Air) etwa 100 Euro und für den Rückflug von Santiago de Compostela nach Deutschland (z.B. Santiago-Düsseldorf mit Vueling) etwa 150 Euro pro Person zu veranschlagen. Sofern nach der Wanderung noch ein Aufenthalt in Porto geplant ist, bietet sich als Alternative eine Bus-Rückreise von Santiago de Compostela nach Porto an, um von dort anschließend den Flieger nach Deutschland zu nehmen. Das Busticket kostet 38 Euro. Die Fahrzeit liegt bei knapp 3 Stunden.

Sind Trekking-Stöcke sinnvoll?

Die Frage kann eindeutig mit »Ja« beantwortet werden. Die Stöcke entlasten die Beinarbeit und insbesondere die Knie bis zu 30 Prozent. Bergaufwärts sind sie eine ungemein wichtige Hilfe. Falls der Oberkörper ein wenig nach vorne gebeugt wird, entstehen am Berg zwei »zusätzliche Beine«. Vergleichbar ist diese Gehtechnik mit der Hinzuschaltung des Allradgetriebes bei den Autos. Auch bergabwärts werden die Knie erheblich entlastet und die Gefahr auszurutschen minimiert sich. Im Falle eines Ausrutschers ist die Chance groß, den strauchelnden Körper noch abfangen zu können. Unsere Stöcke waren auf der gesamten Strecke fast ununterbrochen im Einsatz. Sie waren eine unentbehrliche Hilfe. Es müssen nicht unbedingt teure Markenprodukte sein, mit unseren preiswerten, variablen Billigstöcken einer namhaften Discounterkette sind wir prima zurechtgekommen. Sie waren darüber hinaus stabil, wartungsfrei und absolut verlässlich. Mit Rücksicht auf das Ruhebedürfnis vieler Wanderer sind Gummidämpfer empfehlenswert.

Des Öfteren sieht man Pilger, die mit Pilgerstäben unterwegs sind. Meines Erachtens stellen sie wandertechnisch eher eine Beals Entlastung dar. Ich glaube nicht, dass man mit einem starren Holzstock eine effiziente Unterstützung beim Wandern erzielt, dem Pilgerstab ist daher eher Symbolkraft zuzuordnen.

Wie liest sich die Pilgerstatistik?

Das Pilgerbüro in Santiago ist als Zentralstelle für die Veröffentlichung der Pilgerstatistiken verantwortlich. Viele Jakobusvereine und auch Medien schöpfen ihr Zahlenwerk aus dieser Quelle und publizieren es auf ihren Internetseiten oder in ihren Berichterstattungen. Ohne genügende Hinweise werden oftmals nur die Gesamtzahlen genannt und erwecken den Anschein, es handele sich um die Pilgerzahlen des Camino Francés.

Die offiziellen Zahlen aus dem Jahr 2013 sind beispielhaft. Die Pilgerstatistik weist rund 216.000 Pilger aus, die vom Pilgerbüro in Santiago registriert wurden. Diese Zahl beinhaltet *alle* Jakobswege in Spanien. Auf dem Hauptweg, dem Camino Francés, sind explizit 151.761, auf den Nebenstrecken Caminho Português 29.550, Camino del Norte 13.393, Via de la Plata 9.016, Camino Primitivo 6.854 und Camino Inglês 4.404 Pilger registriert worden. Pilger, die nur abschnittsweise laufen, tauchen in keiner Statistik auf. Auch Pilger, die keinen Wert auf eine Compostela legen und das Pilgerbüro nach erfolgreicher Wanderung meiden, werden nicht erfasst. Demnach dürften meines Erachtens die veröffentlichen Zahlen nur Näherungswerte sein.

Mit 55 zu 45 % liegen männliche Pilger knapp vorn. In der Altersstruktur ist die Gruppe der 30- bis 60-Jährigen mit 56 % am stärksten, gefolgt von den bis zu 30-Jährigen mit 28 % und der älteren Fraktion der über 60-Jährigen mit 16 %.

Packliste

- Leichter 50-Liter-Rucksack (für Männer), 40-Liter-Rucksack (für Frauen) mit Regencape
- Ein leichter Schlafsack (10 Grad, im Sommer ggfs. Seidenschlafsack)
- Eine lange Wanderhose mit ausknöpfbaren Beinen
- Eine dreiviertellange Wanderhose
- Eine leichte Jogginghose oder Freizeithose oder Shorts
- Eine gute Trekkingjacke mit vielen Taschen
- Eine Fleecejacke (nicht Pullover, da wesentlich zweckmäßiger)
- Gute, bequeme Wanderschuhe (Trekking- oder Halbschuhe)
- Leichte Sandalen mit Seitenhalt und tiefem Fußbett
- Dünne Badelatschen
- Wetterhut
- Sonnenbrille
- Variable Trekking-Stöcke
- Leichter, kurzer Schlafanzug
- Kleines Handtuch
- Drei Garnituren Unterwäsche (davon 1 x Merino-Funktionskleidung)
- Drei T-Shirts (davon mindestens 1 Funktionsshirt)
- Zwei Paar Wandersocken, davon 1 x dünn
- Ein großer Regenponcho, evtl. zusätzlich kleiner Regenschirm
- Eine dünne Regenhose, ggfs. Gamaschen
- Gürtel
- Kugelschreiber
- Kleines Notizheft
- Eine Digitalkamera inkl. mind. 2 SD-Karten + Ladegerät für die Akkus
- Ein Handy inkl. Ladegerät
- Leichte Stofftasche oder Beutel

- Ein kleiner Wecker
- Aufblasbares Nackenkissen
- Sechs Wäscheklammern und einige Sicherheitsnadeln
- Kleine Kordel, etwas Draht
- Ein kleines Taschenmesser inkl. Korkenzieher
- Ohropax (Wachs)
- Sonnencreme
- Kleines Wörterbuch Spanisch evtl. Englisch
- Desinfektionsgel
- Blasenpflaster
- Hirschtalgcreme für die Füße
- Ein Päckchen Papiertaschentücher
- Wanderführer (z.B. Outdoor-Verlag, Raimund Joos)
- Medikamente individuell
- Magnesium-Tabletten
- Kulturbeutel mit Zahnbürste, kleiner Tube Zahnpasta, Minitaschenlampe, kleines Stückchen Seife, kleines Fläschchen Duschgel + Haarshampoo, Kamm, evtl. Nassrasierer und Rasierschaum, kleine Schere bzw. Nagelknipser
- Rei in der Tube, evtl. als Alternative ein Stück Kernseife
- Geldbörse, ggfs. Gürteltasche
- Kreditkarte und EC-Karte
- Pilgerpass
- Personalausweis und Krankenkassenkarte

Mein Pilgerpass

Capitulum hujus Almae Apostolicae et Metropolitanae Ecclesiae Compostellanae sigilli Altaris Beati Jacobi Apostoli custos, ut omnibus Fidelibus et Peregrinis ex toto terrarum Orbe, devotionis affectu vel voti causa, ad limina Apostoli Nostri Hispaniarum Patroni ac Tutelaris SANCTI JACOBI convenientibus, authenticas visitationis litteras expediat, omnibus et singulis praesentes inspecturis, notum facit:

Dnum. Theodemurum Bunse

hoc sacratissimum Templum perfecto utique pedibus sive equitando itinere postrema centum millia metrorum, birota vero ducentorum, pietatis causa devote visitasse. In quorum fidem praesentes litteras sigillo ejusdem Sanctae Ecclesiae munitas ei confero.

Datum Compostellae die 6 mensis Maii anno Dni 2014

Segundo L. Pérez López
Deán de la S.A.M.I. Catedral de Santiago

Meine Compostela

Dietmar Bunse – Die Lust Weg-zu-laufen

Was macht die Reise über den Jakobsweg so faszinierend? Was erwartet den Wanderer auf diesem historischen, gleichsam geheimnisvollen Weg? Wie ist es möglich, einfach zu leben und trotzdem zufrieden zu sein? Dieses Buch findet die richtigen Antworten. Es ist ein Spaziergang durch die bunte Welt des Jakobsweges. Unterhaltsam, kurzweilig und humorvoll geschrieben versetzt es den Leser in die Lage in Gedanken mitzupilgern. Der Autor erzählt in erfrischender Form über seine Erlebnisse, Begegnungen mit Pilgern aus aller Welt, Empfindungen und die Nähe zu Gott. Er schildert eindrucksvoll seine vielen glücklichen Momente und geht auf seine emotionalen Wechselbäder während der Wanderung ein. Sowohl seine Wahrnehmungen von Fauna und Flora als auch tiefe spirituelle Intuitionen kommen nicht zu kurz. Ob Weinbrunnen in Irache oder die Stempelstelle von María in Logroño, dieses Buch lässt keine Einzelheiten aus. Ausgesuchte, wunderschöne Fotos, teilweise in Farbe, zieren den Reisebericht.

Re Di Roma-Verlag
ISBN 978-3-86870-599-7
14,95 EURO (D)